那些灵魂有香气的男子

文菁　著

中国华侨出版社
北京

# 前言

　　提起民国时期的男士，总会想起历史上战乱频仍的年代和那些任性率真、踔厉风发的文人，如，嵇康、阮籍、谢安……一个个名字，仿佛一串串风铃，在岁月的幽深杳渺处轻轻地摇响。

　　侧耳倾听，以心顾盼，当瞩目于民国时期，才惊觉，才讶异，才钦敬，才震撼……

　　他们身处一个很不一样的时代：新旧交替、中西碰撞、风云际会，因而形成一种与今人迥然不同的风度、气质、胸襟、学识和情趣。他们的个性或迂或狷或痴或狂，可谓千人千面，但内里全不失风骨、风趣或风雅，底子上都有一个"士"字。总而言之，这是一些兼有硬朗，而又好玩、有趣的人。

　　他们的生活里有比其他东西都重要的——不可夺之志，是对学问的探求，是对社会、历史、民族与自我生命的承担，是对独立精神的坚守，是对自由人格的追求，对创造力的无尽开拓。

　　故而，心才有了着落，精神才有了寄托，人亦有了安身立命之处，于是，总要有所在意，有所守护。总而言之，这是一股既富于性情，又加之坚守、捍卫的力量。

　　他们是一代教授，还是一代学人。

讲课，绝就绝在它的不拘一格、随心所欲，显示的是师辈的真性情，一种自由不羁的张力。因此，它给予学生的，不只是知识，更是生命的浸染、熏陶。在这样的课堂里，充满了鲜活的生命气息，老师与学生之间、学生与学生之间，生命相互交流、沟通、撞击，最后达到了彼此生命的融合与升华。这样的教育背后，是一种生命承担意识。而他们自身，哪一个不是终生都完整地保持着生命的赤子状态？

治学，精就精在它的孜孜以求、纯粹至极，显示的是学者的真姿态，一份为之而生的热情。因此，它不单给世人以鼓舞，更让后世也受之启迪、仰之正气。在这样的智慧里，充盈了高贵的单纯和静穆的伟大，混合了顽皮、满足和欣喜的神态，形成了真正的学院派，为学术而学术，并以生命的自足为无上存在。

而他们的言辞、作品或成果，哪一项不是至今都灿烂地绽放着生命的智慧之光？

本书选取了蔡元培、胡适、辜鸿铭、王国维、吴宓、鲁迅、梅贻琦七位民国时期的名士，着笔于各自真性淋漓、学养不凡的生命剪影，展现了一代真名士的灼灼底气。在每一位人物的篇前，加设了个人档案，以示先生的简历，使读者对其初步了解，并从大师的身上汲取能量，当下更好地生活。

# 目 录

CONTENTS

那些灵魂有香气的男子

# 蔡元培

**兼容并蓄，长者风范**

**生平：** 1868—1940，字鹤卿，又字子民，浙江绍兴人。教育家、思想家、民主主义革命家。曾任中华民国首任教育总长、北京大学校长、中央研究院院长等要职。在执掌北京大学期间，参照德国大学的理念，对北大进行了全面改革，开"学术"与"自由"之风。

**受业：** 少年时曾在绍兴古越藏书楼校书；在德国，接受著名历史学家兰普莱西指导。

**传道：** 蒋梦麟、罗家伦等。

**言语：** 思想自由，兼容并包。

**品藻：** 以一个校长身份而能领导那所大学，对一个民族、一个时代，起到转折作用的，除蔡元培外，恐怕找不出第二个。

——约翰·杜威

1919年6月15日，蔡元培愤而发表《不肯再任北大校长的宣言》：

（一）我绝对不能再做那政府任命的校长：为了北京大学校长是简任职，是半官僚性质，便生出那许多官僚的关系……我是个痛恶官僚的人，能甘心仰这些官僚的鼻息么？

（二）我绝对不能再做不自由的大学校长……世界哪有这种不自由的大学么？还要我去充这种大学的校长么？

（三）我绝对不能再到北京的学校任校长：北京是个臭虫窠……无论何等高尚的人物，无论何等高尚的事业，一到北京，便都染了点臭虫的气味……

执掌北大的十年间，这位怀抱教育救国信念的校长七次请辞，这是其中一次。

对于他的频繁挂冠，胡适认为：在这混浊黑暗无耻的国家里，在这怯懦不爱自由的民族里，蔡先生的不合作主义是不会成功的。

而蔡元培始终坚守这种"洁癖"——在黑暗的势力面前，知识分子的"退"有时比"进"更重要。

## 世范人师，教育救国

没有蔡元培，就没有新北大。

北大后来的面目就是经过蔡元培点化而得以根本改变的。它显赫的传奇也被人这样描述：京师大学堂大难不死，已属奇迹，还能排除阻力开班授徒，更是奇中之奇。

而这一切得从新任民国教育部长范源濂对蔡元培发出的一份急电说起：

> 国事渐平，教育宜急。现以首都最高学府，尤赖大贤主宰，师表群伦。海内人士，咸深景仰。用特专电敦请我公担任北京大学校长一席。务祈鉴允。早日回国，以慰瞻望。启行在即，先祈电告。

手握着用词极其殷切的电文，面对着当下的时局国情，蔡元培一度犹豫，陷入了沉思之中。

他与吴稚晖商量此事，友人说了一句："中国事，云不可办，则几无一事可办；云可办，则其实亦无不可办。"

他又想到，要使中国转危为安，只有从教育入手。

他忆起，当年普鲁士受拿破仑蹂躏，哲学家、教育家费希特改良大学教育，对于挽救普鲁士贡献很大。普鲁士之所以能战胜法国，人们都归功于小学教师；之所以有那一代小学教师，得力于高等教育。

他自己很清楚：我的兴趣就在大学。在1912年任教育总长时，他就和时任次长的范源濂谈及此：没有好大学，中学师资哪里来？没有好中学，小学师资哪里来？所以我们第一步，当先把大学整顿。

最后，孙中山的意见是：如果你去北大做校长，有利于革命思想向北方传播。

1916年马上就要过去了，蔡元培将开启他生命中伟大的新篇章。

眼前的北大有两大弊端：学科凌杂，风纪败坏。

蔡元培的解法是：救第一弊，在于延聘纯粹之学问家，一面教授，一面与学生共同研究，以改造大学为纯粹研究学问之机关；救第二弊，在于延聘学生之模范人物，以整饬学风。

于是，一个蔡元培的时代开始了。

大学之大，因其无所不包，各种言论思想均可自由，但亦不必出于互相诟骂。如各有主张，尽可各自鼓吹自己主张之长处，不必攻击或排斥他种主张。

蔡元培主张兼容并包，入主北大后，他立即大力进行改革，延聘选拔有真才实学的各方面人才，容纳各种学术和思想流派——不在乎你的政治立场，不在乎你的资历，不在乎你的年龄。

于是，短时间内，北大教员队伍发生了重大变化，学校面貌为之一新。

那些灵魂有香气的男子

据1918年年初的统计，全校共有教授九十人，从其中七十六人来看，三十五岁以下的四十三人，占57%，五十岁以上仅六人，占8%。最年轻的文科教授徐宝璜仅二十五岁，其他如胡适、刘半农等都是二十七八岁。1917年以后，北大三十岁左右的青年教员相当多，其中许多是蔡元培从科学论文中发现而请来的。北大教授平均年龄仅三十多岁，而同时期北大本科学生的平均年龄为二十四岁。

这样一支年轻而富有活力的教师队伍，一扫北京大学的陈腐之气，使之成为鲁迅所说的"常为新的，改进的运动的先锋"。

蔡元培初到北大时，北大国文课只有经史子集，外文只有英文，教员只有旧派学者。他增加了戏曲和小说等科目，聘请了陈独秀、胡适、刘半农等新派学人，增开了法文、德文和俄文等外文学科。

至此，北大新旧学者济济一堂：有主张新文化运动的胡适、陈独秀、鲁迅等人，有尊王复辟的辜鸿铭、刘师培等，有中国共产主义的先行者李大钊、最早介绍无政府主义的李石曾，还有最早介绍爱因斯坦相对论的夏元瑮……此外，他还延聘了钱玄同、俞同奎、沈尹默等一批原有教员，聘用了梁漱溟等一批只有二十三四岁的年轻学者，请来刚从美国留学归国的女教授陈衡哲，聘请数学系老教授冯祖荀，外籍教授、地质系的葛利普等，以及画家徐悲鸿等。

广延积学与热心的教员认真教授，以提起学生学问的兴趣，这正是蔡元培整顿北大的第一步。并且，他也为此付出了充满无限诚意的努力，尤其是陈独秀的任事，周折颇多。

蔡元培经汤尔和介绍而知陈独秀与《新青年》，考虑他是新思想的代表，并且传统学术根底深厚，便希望把他请到北大来。

蔡元培为此几乎天天登门拜访。有时去得早了，陈独秀还没有起床，他就招呼茶房不要将其叫醒，只要拿凳子给他坐在房门口等候就好。陈独秀原本看不上名声糟糕的北大，但架不住蔡元培三番五次登门的诚意，同意担任北大文科学长。为了得到教育部的顺利批准，蔡元培公函中的陈独秀履历是其代为填写的，其中确多有不实之处。

之所以如此殷切与冒险，是因为在蔡元培眼里，当时的陈独秀正是一员闯将，是影响极大，也最能打开局面的人。事实证明，蔡元培这步棋走得很对。

后来，黄侃、马裕藻对此颇为不满，抱怨道："陈独秀不过能写点笔记文，怎么能做文科学长？"蔡元培说："仲甫（陈独秀的字）精通训诂音韵之学，如何做不得学长？"

蔡元培时代的北大，保守派、维新派和激进派都同样有机会一争高下。

他素信学术上的派别是相对的，不是绝对的，所以每一种学科的教员，即使主张不同，若都是"言之成理、持之有故"的，就让他们并存，令学生有自由选择的余地。

所以，当时的北大常有如此情形：黄侃在教室大骂钱玄同，而钱玄同在对面教室如同未闻，照讲不误；梁漱溟和胡适打哲学对台，同时开讲哲学。

为学问而学问的精神，一时在北大成为一种风气。

而随着改革的一步步扩大，北大里旧学派的声音渐成势力。

北大请吴梅开设元曲课程，有人便造谣说在教室里唱戏；因陈独秀等人提倡白话文，又有谣传说北大把《金瓶梅》当作教科书。守旧学者更是直接在课堂中开骂。周作人就曾写到当时的情形：别的人还隐藏一点，黄季刚最大胆，往往昌言不讳。他骂一般新的教员附和蔡子民，说他们"曲学阿世"，所以后来滑稽的人便给蔡子民起了一个绰号叫作"世"，如去校长室一趟，自称会"阿世"去。知道这个名称，而且常常使用的，有马浴藻、钱玄同、刘半农诸人，鲁迅也是其中之一，往往见诸书简中，成为一个典故。

而在校外，研究系、安福系等旧派文人也对蔡元培发起了猛攻。

林纾一面通过写小说的方式影射攻击蔡元培等人，一面给其写公开信，说学校里提倡非孝，要求斥逐陈独秀、胡适诸人。蔡元培回复道，《新青年》并未非孝，即使有此主张，也是私人的意见，只要不在大学里宣传，也无法干涉。

同时，令蔡元培看到希望的是，他的兼收并包亦获得了很多旧派学者的拥护——在这场纷争中，辜鸿铭直接撰文予以支持，称其"实为我孔孟旧学大功臣也"。

起起伏伏，跌宕人心，终于北大还是让人刮目相看了。

北大建校二十周年时，吴梅撰写了一首纪念歌：

沧海动风雷，弦诵无妨碍。

到如今费多少桃李栽培，喜此时幸遇先生蔡。

从头细揣算，匆匆岁月，已是廿年来。

蔡元培，这个执着的教育斗士，带着他的新力量继续前行。

他请国外知名学者到北大讲学。美国哲学家、教育家杜威，英国哲学家罗素，法国数学家班乐卫，印度诗人泰戈尔等，连同德、法、日、苏等国的学者均有过北大之行。

杜威评："拿世界各国的大学校长来比较，牛津、剑桥、巴黎、柏林、哈佛、哥伦比亚，等等，这些校长中，在某些学科上有卓越贡献的，固不乏其人。但是，以一个校长身份而能领导那所大学，对一个民族、一个时代，起到转折作用的，除蔡元培外，恐怕找不出第二个。"

梁漱溟说："所有陈（独秀）、胡（适）及各位先生任何一人的工作，蔡先生皆未必能作；然他们诸位若没有蔡先生，却不得聚拢在北大，更不得机会发抒。聚拢起来而且使其各得发抒，这毕竟是蔡先生独有的伟大。"

行思想自由之原则，取兼容并包之意。

按照蔡元培最初预想的步骤，在教授治校的同时，便是要将北大变作一个学习的自由王国。

于是，当时社会上各行各业人士都可以进入沙滩红楼听课。那些求知欲望甚为强烈，但由于贫困而上不起学的青年，诸如商店的营业员、工厂的学徒等，都可以进入北大讲堂听课，学习文化知识。

这在中国教育史上是无前例的。

而这样全开放的局面，源于北大正在招收一批旁听生。

1917年，萧槑原考入北京大学中国文学门（系）。一位杜姓同学想去旁听，他便去北大教务处代为申请。教务处一位先生却说："座位满了，不能再收。"

"座位没满，请你去教室看看。"萧槑原如此说道，但教务处的先生丝毫不予理睬。他便气呼呼地去见蔡元培校长。校长室在红楼二楼，也没有秘书阻挡，学生可以随便去找。他一进门，蔡元培看他怒气冲冲，便和蔼地说："你先坐下，休息五分钟，五分钟后你再讲话。"

萧槑原坐了一会儿，便和蔡校长说了为杜姓同学申请旁听的事。他说："多收一个学生总比少收一个好。教室有座位，可是教务处的先生却说座位满了。

请校长去教室看看是否有座位。"

蔡元培听后，马上打电话把教务处那位先生请来。萧稟原当着蔡校长的面，对教务处的先生说："教室确实还有座位，不信你去看。"

教务处的先生没有说话。蔡校长当即拿笔写了一个条子"准予杜××到中国文学门旁听"，交给教务处的先生。于是这位杜姓同学终于入学旁听了。

这是思想的驱动力，是知识的洗礼，更是北大这样宏大的学堂才能给予的机会。可想而知，在当时的情势之下，北大的旁听生、"偷听生"越来越多。

一日，蔡元培、陈独秀、胡适晚饭后在沙滩附近散步，不经意间走到"偷听生"们居住的"拉丁区"。他们好奇地走进一间屋子，只见一个衣着寒酸的青年正借着微弱的灯光读书，身旁放着两个发硬的馒头。

陈独秀性急，上前劈头就问，青年惊惶不已，结结巴巴地说，自己是一个穷学生，没钱办旁听证，但很想听鲁迅讲课，所以……

蔡元培打断了他的话，让他不要紧张，看了看那两个馒头说："旁听证，明天你到我办公室去取，但现在，你要跟我去吃饭。"

接着，三人便带着这个叫许钦文的青年到一个小饭馆吃饭。许钦文像饿疯了似的大吃特吃，并对三人说：

"人称咱北大有'五公开'。一是课堂公开，不管有没有学籍都随便听课。有的旁听生来早了先抢到座位，迟来的正式生反而只好站后边了；二是图书馆公开，可以随便进出；三是浴室公开，莲蓬头反正一天到晚开着，什么人都只管去洗；四是运动场地公开，操场上外校学生有时比本校的还多；五是食堂公开，学生食堂都是包出去的，上饭馆和食堂价格一个样。北大校园里还有三种学生，一种是正式生，一种是旁听生，还有一种就是我们这些'偷听生'。未办任何手续，却大摇大摆地来校听课，我们多数就租房住在这'拉丁区'里。"

许多年后，许钦文深情地回忆道："我在困惫中颠颠倒倒地离开家乡，东漂西泊地到了北京，在沙滩，感受到了无限的温暖。北京冬季，吹来的风是寒冷的，衣服不够的我在沙滩大楼，却只觉得是暖烘烘的。"

当然，借此"取暖"的大有人在。

沈从文是北大庞大的旁听生队伍中的一员，学期结束时，他还冒充北大学生参加了考试，竟然还获得了三角五分钱的奖学金。这个浩浩荡荡的旁听生队伍中还有毛泽东、柔石、胡也频、李伟森等。

而曹靖华则是考上北大学生中的旁听生。因为交不起学费，便在北大旁听，学习俄语，后来得到李大钊的帮助，才正式成为北大学生。

看着沐浴在学海中如饥似渴的莘莘青年，蔡元培的心中时常升起更多更重的力量。校园的自由、开放、兼容并包，让人不免以为他亦是个有求必应的好好先生，其实，他对学生从来是有要求的。

当时北大有一种"自绝生"，他们对蔡元培提出，要求废除考

那些灵魂有香气的男子

试。蔡元培答复道："你要文凭，就得考试；你如果不要文凭，就不要考试；上课你随便上，你愿意上就上，不愿意上就不上，但是你对外不能称是北京大学的学生，同时你也不能有北京大学毕业的资格。"

他希望学生抱定宗旨，为求学而来。

他说：学生在学校里面，应以求学为最大目的，不应有何等的政治组织。其有年在二十岁以上，对于政治有特殊兴趣者，可以个人资格参加政治团体，不必牵涉学校。

时局动荡，"五四"浪潮激烈，学生运动的发展亦出乎他的意料……

他的立场与学生不同，世界上没有哪一个校长会情愿自己的学生罢课。

蔡元培讲：读书不忘救国，救国不忘读书，核心是读书。一个"文化救国论"者，显然不希望自己的学生成为"职业革命家"。

就这样，蔡元培离京南下。

风雨如晦的近代中国，一个大学校长如何端平政治和书桌，这个难题并不只是摆在蔡元培一个人的面前。

犹记抵京时，《中华新报》发出北京专电：风雪中来此学界泰斗，如晦雾之时，忽睹一颗明星也。

蔡元培自己写道：就是失败，也算尽了心，这也是爱人以德的说法。

后来的继任者蒋梦麟这样评价：维新的浪潮已经从这千年的古城，消退成为历史，把叛逆的石子投入死水的，正是1916年执掌北大的校长蔡元培。

到1927年，这是他一生中最具成就也最为世人所景仰的辉煌历程。

## 春风化雨，学养民国

滚滚洪涛中，他自然是位不凡的隽才，才得以革新一个教育时代。

锵锵激越中，他自然是有人格的感召，才赢得了延续

那些灵魂有香气的男子

世代的瞻望。

林语堂这样评价蔡元培："蔡先生就是蔡先生。这是北大同仁的共感。言下之意，似乎含有无限的爱戴及尊敬，也似乎说天下没有第二个蔡先生。别人尽管可有长短处，但是对于蔡先生大家一致，再没有什么可说的。"

蔡元培，从踏进北大校门的那一刻起，就与其前任截然不同。

他到校的第一天，校工们排队在校门口恭恭敬敬地向他行礼，而他也非常郑重地脱下礼帽鞠躬还礼。校工们包括许多师生都对他这一行为惊讶不已——这么一位校长，真是从来不曾见过。此后，每日他出入校门，校工们向他行礼，他都会脱帽鞠躬。

就是还礼这件小事，给存在严重封建积习的北大吹进了一股强劲的平等、民主

之风。

蔡元培出行，一向徒步。当时，清末士大夫出行必坐轿，蔡元培竭力反对，说：以人舁人，非人道；且以两人或三四人代一人之步，亦太不经济。一次，某名流在自家府邸设宴，以轿接之，他坚决不肯乘，使空轿还，而自己则徒步前往。及至，已肴残酒阑，主人责怪轿役，蔡元培立刻为其解释。他亦不坐人力车，原因是："目睹人力车夫伛偻喘汗之状，实太不忍。"

就任北大校长后，他到孙宝琦家中拜访，告别时，孙宝琦将其送至门口，见门前无车，便对他说："你现在不可再徒步了。"蔡元培唯唯，但第二次拜访时依旧如故，孙宝琦于是购买了一部新马车送给他。此后，他再来访，仍是徒步，孙宝琦知其有车无马，便又将自己的马给他送去。1922年，当北京的大街小巷已经跑起小汽车时，蔡元培还坐着这辆外观已经斑驳的马车，按时到北大去上班。

他只是心有自己的定数而已。

傅斯年有言，蔡元培先生实在代表两种伟大文化：一曰，中国传统圣贤之修养；一曰，西欧自由博爱之理想。此两种文化，具其一难，兼备尤不可觏。

的确，正如他提出的"思想自由，兼容并包"一样，他自己也是这么做的。

1915年夏，许德珩只身来到北京，考入北京大学英文门。虽是年已二十五岁，但家中经济困窘，无力供他上学。两年后，蔡元培任北大校长时，许德珩生活实在没有着落，只好去找他。

那些灵魂有香气的男子

他向蔡元培陈述了自己的困境，蔡元培问道："会外文不？"答曰："会一点英文。"蔡元培从书架上拿出一本英文的《多桑蒙古史》，随手挑一节叫他翻译。他当即写出，翻译的中文贴切通顺，加上写得一手好字，蔡元培看了比较满意，当即介绍许德珩到国史编纂处做课余翻译，月薪十块银元。从此，许德珩不但可以吃饱穿暖，而且每月还能寄点钱给乡下的寡母。多年后，许德珩还时常对子女孙辈说：

"正是我山穷水尽的时候，我师蔡先生援人以手，给了我课余翻译的机会，对我真是莫大的支持和鼓舞。"

承蒙师恩惠泽，那是一生命运的转变啊。

办学先为师，他恭敬却不失厚德，纳悦又尚有端持，蓬勃的青年在他眼里是那样有希望。

北大规定，新生入校，必须有一名京官为其担保。1919年，一位马姓湖南学生考入北大，但他在京无亲友，更谈不上认识京官了。他便写信向蔡元培抗议，要求北大取消这一规定。蔡元培马上回信说，国外大学确无此制度，但北大是教授治校，取消这一规定必须教授会决议通过。在取消这一规定前，他愿为其担保。于是马姓学生顺利入北大求学。

这样的事比比皆是，恐怕列大几张亦不难吧。冯友兰最初和蔡元培打交道就出于类似的缘故。

弟弟冯景兰在北大上预科时，想报考河南省公费留学生，需要北大出具的肄业证明。由于时间紧张，冯友兰写好证明信，直接到校长办公室找蔡元培。冯友兰走上前去，蔡元培欠了欠身，问有什么事。冯友兰把信交给他，他看了，笑笑说："好哇，好哇，能够出去看看好哇。"冯友兰说："那就请校长批几个字吧。"蔡元培提起笔来就写了两个字"照发"。接下来，证明信很快就办好了。

如此崇明的德行与魄力，让蔡元培收获的是学生、朋友的爱戴与尊敬。那是一种似于訇然中开的气场，他本辞善颜和，却在无形中散发着热和光，直到今天，又何尝不是呢？然在彼时，这份人格的敬意更见明晓。

1921年，蔡元培到美国访问。到了纽约，留学哥伦比亚大学的北大同学就组织了一批人，轮流陪同蔡元培到各地去，冯友兰也在当中。有一天，在旅馆里，每人都拿出一张纸，请蔡元培写字。冯友兰恰好有一把折扇，也请他写。他给每人都写了几句，各不相同。又一天晚上，在纽约的中国学生开会欢迎他，到的人很多。蔡元培一进会场，所有的人不约而同地站起来，好像有人

在那里指挥一样。当时的留学生杨荫榆说："我在中国教育界多年，还没有看见校长和学生间的关系这样好的。北大的学生向来自命甚高，可是见了老校长，这样地恭敬，我现在真是佩服蔡先生了。"

先生太崇高了！

千百年后，先生的人格修养，还是人类向往的境界。

先生的精神，无穷的广则弥漫在文化的宇宙间，深则憩息在人们的内心深处！

时年，这样的呼语是那般掷地有声，而今往后探看，他越发鲜活，一次次的震动、一幕幕的瞻仰……

傅斯年在北大上学时，有一个长着一副小官僚面孔的同学，平日为同学们所厌恶，于是有同学在西斋（宿舍）墙上贴了一张"讨伐"此生的告示。同学们争相模仿，以至于告示贴满了整面墙。几天后，蔡元培在全校大会上演说，最后提及此事，大意是说：

诸位在墙壁上攻击某君的事，是不合做人的道理的。诸君对某君有不满，可以规劝，这是同学的友谊。若以为不可规劝，尽可对学校当局说，这才是正当的办法。至于匿名揭帖，受之者纵有过，也决不易改悔，而施之者则为丧失品性之开端。凡做此事者，以后都要痛改前非，否则这种行动，必是品性沉沦之端。

此后，北大的匿名"壁报文学"逐渐减少。

一番说辞，听得傅斯年颇受教益。而他自己也亲临过蔡元培"精神演讲"的现场。

蔡元培第二次到德国时，由傅斯年等人陪同照料。一个在莱比锡的学生发电报给蔡元培，说要前来看望。此生出了名的性情荒谬，一面痛骂某人，一面却向某人要钱，傅斯年等人认为他此行必是前来要钱，而蔡元培正是穷困之时，所以主张去电谢绝。蔡元培沉吟后说道："《论语》上有几句话，'与其进也，不与其退也，唯何甚？人洁己以进，与其洁也，不保其往也'。你说他无聊，但这样拒人于千里之外，他能改了他的无聊吗？"于是，傅斯年又知道读《论语》是要这样读的。

大学之道，在明明德，在亲民，在止于至善。

投身教育的蔡元培熟谙于此，更是言与行皆为楷模。在动荡的时局下，他对青年的保护毅然执着——他不仅是一盏明灯，更是一面旗帜。

"五四"游行中，三十二名学生被捕，其中北大学生二十人。当晚，蔡元培赶到北大第三院大礼堂时，正在商讨营救方法却苦无对策的学生见到他，有的大声欢呼，有的竟放声大哭起来。蔡元培并没有责备学生，而是表示将由他来营救被捕学生并处理善后事宜，让学生明天照常上课。学生均表示听从。接着，他马上赶到段祺瑞最敬重的孙宝琦家中，请其出面说项。孙宝琦因此事闹得太大，颇为犹豫。蔡元培便在孙家会客室，一直坐到深夜十二点多。孙氏无奈，只能答应一试。

在蔡元培的努力下，5月7日，被捕学生终于获释。蔡元培与北大全体师生在汉花园广场迎接被释放的学生。见面后，大家的情绪颇为激动，一些学生更是大哭起来。他安慰大家，让大家不要哭，可话未说完自己也禁不住潸然泪下。获释学生许德珩回忆

那些灵魂有香气的男子

说，当群众伴着出狱的学生走进汉花园的广场时，先生是那样沉毅而慈祥，含着眼泪，强作笑容来勉励学生，安慰学生。

怀着教育救国的信念，他时刻自警着，只要培养出一大批学者，国家就有希望。而在这过程中，教员一样要负起责任来。

1920年冬，蔡元培赴欧美考察教育期间，由于北洋政府长期欠薪，北平各校教员在向政府请愿反遭警卫殴打后，宣布罢教。北洋政府补发欠薪后，各校才开始复课。蔡元培回国后听说此事，大为不满，召集北大教职员痛切地说："学校教育青年，教职员应为学生模范，岂可因索薪罢教，贻误后生？如果认为政府太坏，不能合作，尽可自动辞职，另谋他就。如大家都求去，亦可使政府惊觉反省。岂可既不离职，又不尽教学责任，贻误青年？"他坚决要求教职员们将罢教期间所得的薪水交出归公，教职员均照办。

因为他的肩上是青年的前途，是北大的明天，是教育的重担，是国家的未来——"这些事我都不怕，我忍辱至此，皆为学校，但忍辱是有止境的。北京大学一切的事，都在我蔡元培一人身上。"

吴稚晖感佩蔡元培：蔡先生为人，真是所谓"君子和而不同"。

他和哪一个人都很和气。然而他绝不会因为做人和气，就人云亦云，而是软中带硬，外圆内方。

蔡元培入主北大前，北大的校务会议多用英语。他上任后，提议校务会议一律改用中文。此举引起外国教授的反对，纷纷表示："我们不懂中国话。"蔡元培反问："假如我在贵国大学教书，是不是因为我是中国人，开会时你们说的是中国话？"洋教授们哑口无言。从此，北大大小会议一律使用中文，不再讲英语。

在大局前，蔡元培的确自有方圆。北大有两名英国教授品行不端，带领学生逛八大胡同。蔡元培对此极为不满，聘约期满时，他坚决不再续聘。英国驻华公使朱尔典找其求情，遭到拒绝后，怒而扬言道："我看你蔡鹤卿还能做几天校长？！"但蔡元培依旧坚持原则。英国教授将北大告上法庭，他请王宠惠任代理人，最终北大胜诉。

书生意气，却无丝毫懦弱，反而多有强硬。

"五四"前后，北洋军阀及旧派文人指责新士风为"洪水猛兽"。蔡元培在《新青年》发表《洪水与猛兽》一文道：今日之士风，可以算是洪水；而今日之军阀，正是猛兽，非用洪水淹此猛兽不可。胡适在此文的"附记"中说，这是很重要的文字，很可以代表许多人要说而不能说的意思。罗家伦将此文称为"光芒万丈的短文"。二十多年后，傅斯年仍感慨不已："这话在当年是何等勇敢，何等切实！"

那是一颗赤诚的心，一个淋漓的爱国者啊！

他的和气之下，却总是离不开耿直、率性的影子。

巴黎和谈期间，北京各大学教员在清华开会，大家慷慨激昂，纷纷表示要给巴黎和会的中国代表团发电，蔡元培雍容静穆地起立，声音低微地说："我们这样抗议，有什么用处？应该全体总辞职。"五四运动爆发后，蔡元培果然辞职。

担当，坚毅，理性——蔡元培一直都吹着先锋者的号角。

20世纪20年代初，因北洋政府久欠大学教育经费，北大为维持校务，施行新的经费开支措施，要求学生支付讲义费。此条规

那些灵魂有香气的男子

定遭到学生的强烈抵制，引发了"讲义风潮"。某日下午，学生代表到总务处找规定收费的沈士远算账，并以罢课相威胁，要求取消讲义费。蔡元培说，此事由他个人负责，与沈士远无关。双方发生争执，蔡元培怒不可遏，喊道：

"我要跟你们决斗！

"我是从手枪炸弹中历练出来的，你们如有手枪炸弹尽不妨拿出来对付我，我在维持校规的大前提下，绝对不会畏缩退步！"

一个教育家的脾气终于爆发了！

蔡元培一生的成就不在学问，不在事功，而在开出一种风气，酿成一大潮流，影响到全国，收果于后世。这当然非他一人之力，而是运会来临，许多人都参与其中。然而数起来，却以他居首。

他的伟大在于一面有容，一面率真。他之有容，是率真的有容；他之率真，是有容的率真。更进一层说，坦率真诚，休休有容，或者是伟大人物之所以为伟大吧。


## 君子雅量，厚德笃行

山河岁月，峥嵘兴国。

蔡元培曾为约束自己而定下"三不主义"：一不做官，二不纳妾，三不打麻将。

在这三个原则中，唯第一个，他没有做到。

蔡元培一生致力于教育，即使涉足政治，也以实现自己教育救国的抱负为出发点。

民国初年，他被任命为教育部长，他欣然接受。而到了1927

年，他又被任命为中华民国大学院院长。为实行全国范围的教育救国，他在中国推行大学区。第二年，他将北大划入北平大学区范围，他的北京大学校长的名义才取消。

其实，蔡元培本不只属于北大，他是属于整个学术界、文化界的。

他筹建中央研究院，李四光、竺可桢、梁思成、陈寅恪、李济等麇集麾下。

他推行并普及美育，认为美的欣赏比宗教信仰更重要，他任命二十八岁的林凤鸣（即林风眠）为国立艺术院首任院长，造就了中国最年轻的一位大学校长；他将刘开渠以"驻外著作员"身份派往巴黎学雕塑，培养了新中国雕塑事业的奠基人。

蔡元培，无疑是一位开拓者。

正如他未能履行自己不做官的原则一样，风云际会，令他不得不参与更多的革命活动。他知道自己需要挺身而出。

他一生的使命都系在中国之未来身上。

他的爱国大旗继续张扬，矢志不渝。

1932年，蔡元培与宋庆龄、杨杏佛等在上海发起成立中国民权保障同盟，蔡元培任民盟副主席。该同盟宗旨为保障人权，并不区分党派、国籍、罪或非罪。"九一八"事变及"一·二八"事变发生后，蔡元培都以中国民权保障同盟的名义，营救了许多被国民党逮捕的进步人士和爱国学生，老友陈独秀就是其中之一。

他一生都致力于维护青年，营救中国。

何其可贵，何其庆慰！

蔡元培一生为人写推荐信无数，他的八行书推荐信极为有名，多则一日三四十封，少则也有十余封，甚至有人求他介绍门房或工役，他也欣然同意。

他对于北大毕业同学确实能做到来者不拒、有求必应。

不过，他的介绍信有两种情况是不写的：真正无把握的不写，绝对有把握的也不写，最愿意写的是在"有""无"之间。写信的方式也有两种：一种是亲笔的，一种是签名盖章的。亲笔的信在他的主观上是冀其必成的，签盖的信虽负介绍之责，但引用与否，在客观上还请受信者予以权衡。

许寿裳回忆，蔡元培的访客每日络绎不绝，他只要有闲暇，无论是早餐前还是深夜，总不厌其烦地接待。他任大学院院长时，甚至有素不相识的商店伙计拿着书本前来请教，他也详细地为之讲解，毫无倦容。

知忠，不与世苟同；知恕，能容人而养成宽宏大度。

无论想做而做不成蔡元培的，想寻而觅不得蔡元培的，或者简单地想以蔡元培来论事的，都面对着一个事实，时至今日，蔡元培依然是一座可望而不可即的高峰。世上已无蔡元培！

国内蔡元培故居有三处，一是现在的绍兴市区萧山街笔飞弄十三号，二是上海华山路三零三弄十六号，三是北京东城区东堂子胡同七十五号。笔飞弄十三号是蔡氏老宅，蔡元培出生于此，并在此度过了童年和青少年时代。后两处是蔡元培租住过的地方。

这个不起眼的事实隐藏着另一个令人惊讶的事实。

蔡元培是教育总长，是北大校长，是中央研究院院长，足可谓位高权重，但大先生蔡元培竟没有自己的房子。

在他波澜壮阔的人生中，他选择了什么？

那些灵魂有香气的男子

# 胡适

## 没有容忍，就没有自由

**生平：** 1891—1962，原名嗣穈，后改为胡适，字适之。安徽绩溪上庄村人，因提倡文学革命而成为新文化运动的领袖之一，曾担任北京大学校长。他兴趣广泛，著述丰富，在文学、哲学、史学等诸多领域都有深入的研究。

**受业：** 哥伦比亚大学哲学系杜威教授。

**传道：** 牟宗三、罗尔纲、顾颉刚、俞平伯、傅斯年等。

**言语：** 容忍比自由还更重要，容忍就是自由的根源。

**品藻：** 这位哲人所给予世界的光明，将永远存在。

——中央研究院

胡适，在少数人心目中，不是厉害的对手就是很好的朋友。

对于其他人而言，他是老大哥。所有人都承认他温文尔雅、招人喜爱。

在他身上没有什么神秘：只有阳光，没有阴影。

他的心胸仿佛是一片明亮如镜的广阔湖泊，没有浪漫的深沟，没有彼岸的回音。对于这样的湖，我们关心的不是深度，而是如镜的湖面。那湖面映照一切，能够把一幅幅精致、明净、有序的世间景象呈现在我们眼前。

灵魂激荡的年代，他和那一辈人一样，心无旁骛、天高云淡，身上也饱含博爱悲悯、人性理性。可越是惶惶纷乱之间，他温和的忧虑、正义的火气就越显得珍贵而特别。

## 儒雅君子，温润如玉

十里杨林镇，五里后岸街，千灶万丁小上海，苍山环抱大村庄。

这是胡适的故乡，安徽绩溪，一座山水相映的小镇。

一代儒雅之士的学养即从这里开始。

胡适，本名胡嗣穈，少时由于身体弱，母亲管束又严厉，养成一种爱静不爱动的性格，无论在什么地方，总是文绉绉的，人们给他一个绰号叫"穈先生"。

偶尔，他跟村里的孩童玩"掷铜钱"，一个长辈走过，笑着对他说："穈先生也掷铜钱吗？"这是一句玩笑话，他听了立即羞愧得面红耳赤，觉得的确有失"先生"身份。打这以后，他参加孩童们的游戏就更少了，心思全部放在看书上。

稍长一些，性子略开朗，他有时跟一群同学找几根木棍做刀枪，戴上假胡须，在田里做戏。大家多半派他充当文角儿，如诸葛亮、刘备之类的角色。只有一次做史文恭，被花荣一箭从椅子上射下去，仰面跌在稻草垫的田里，这是他最活泼的玩意儿了。

大概正是得于这样的渊源，在胡适最早的生活中，只大量充斥着读书和写字两件事，文字和思想方面，不能不说是打下了一点底子，并且，在性情上养成了老成持重的特点，保持了温良谦恭让的作风。

对此，胡适该是"自得"的吧。他如是归因：

"我母亲待人最仁慈，最温和，从来没有一句伤人感情的话。

"我在母亲的教训之下住了九年，受了她的极大极深的影

响。我十四岁就离开她了。在这广袤的人海里独自混了二十多年，没有一个人管束过我。如果我学得了一丝一毫的好脾气，如果我学得了一点点接人待物的和气，如果我能宽恕人，体谅人——我都得感谢我的慈母。

"我母亲最大的禀赋是容忍。

"出自她对我伟大的爱忱，她送我出门，分明没有洒过一滴泪就让我在这广大的世界中，独自求我自己的教育和发展，所带着的，只是一个母亲的爱，一个读书的习惯，和一点点怀疑的倾向。"

经过九年私塾的学习，胡适受到了良好的启蒙教育，但做人方面的训练如何呢？无疑，在这一点上，他的恩师就是母亲。

平时胡适在家做错了事，母亲从不在人前责备他，而只用严厉的眼光一瞅，胡适就吓住了。到了晚上人静的时候，母亲才关起房门教育他；有时罚跪，或者是拧他身上的肉，无论怎么重，都不许他哭出声音来。胡适说，她教训儿子，不是借此出气叫别人听的。

凉秋一夜，为穿一件衣服，胡适说了一句调皮的话："娘（凉）什么！老子不老子呀！"母亲听了，当时没说什么，到晚上重重地处罚他，胡适跪着直哭，不住地用手擦眼睛。不知擦入了什么细菌，后来竟害了一年多的眼病，左医右医也医不好。有人说可以用舌头去舔，母亲真用舌头去舔他的眼睛。胡适长大成人后，念及此景此情，称赞她是慈母兼严父。

可以说，虽然父亲过早辞世，但从小得益于母亲的言传身

那些灵魂有香气的男子

教，使得胡适在成长与为人处世上积淀了温和的率性、宽忍的真性情。

并且，这种品质在他的一生之中，都显现不尽。

与长者，与同辈，与朋友，与学生，与下属，胡适都自然保有一种谦和之气。

胡适与梁启超的交往和友谊，最初正是靠了二人对于《墨子》的共同兴趣。胡适的《墨家哲学》曾受到梁启超的称赞，所以当梁启超新著《墨经校释》将出时，就想到了心里很是推崇的这位后学。梁启超不仅致信胡适，希望他能为该书作一篇序，并且希望他不客气地在序里"正其讹谬"。

胡适认真拜读后，写了一篇三千字的序言，给予充分肯定，但同时也指出书中的一些问题。梁启超看后认为胡适的观点有误，于是挥毫写下一篇针对胡适文章的序言，而将胡文放在了书后，成为唯一放在书后的序言。胡适不以为忤，依旧对梁启超尊敬有加，还对其倾言"全无城府，一团孩子气"。

高手过招，有太多看头。但遇到了胡适，便注定只会拂一阵温煦之风。

事隔一年，梁启超进行系列讲演，主要是批评胡适的《中国哲学史大纲》。会议由梁漱溟主持，梁漱溟开始颇有顾虑，怕胡适有意见，然而胡适并不介意，也去参会，一同坐在主席台上。会上，梁启超先一一指出书中有什么地方不对，措辞犀利，极不客气。胡适只是微笑，轮到他发言时，他态度平和地批驳梁启超何处讲得不对。最后，梁漱溟总结发言，指出梁启超、胡适讲话中各自的正确和错误，这场辩论就此落幕。就是这样一场平和的君子之争，台下的观众却听得如醉如狂，想必是受足了其间的感染与鼓动。

傲慢的人受到他的殷勤款待而沾沾自喜，庸碌之辈得到他的平等对待也能舒畅高兴。胡适在北京大学任职期间，也佳话不断。

一次大会上，学生杨杏佛大骂胡适的新文化改革，后来蔡元培带他到胡适家道歉。

胡适只是说："《西游记》的第八十一难，我觉得原文写得太寒碜了，我想把它改写过。"

蔡元培问："怎么改法？"

胡适说："唐僧取经回来，还要遭一难，因为这时在取经路上被他的三个弟子打死的许多冤魂冤鬼，都来报仇了。唐僧情愿舍身，把他的肉，一块一块地割下来，喂给一班冤魂冤鬼，他们每吃一块唐僧肉，可以增长一千岁。唐僧说：'我舍身，使他们可以超生，可以报账。'"

杨杏佛羞得面红耳赤。

时年，胡适任北大教授，授业解惑，对学子体恤、关怀有加，而当胡适重返北大担任校长时，他的这种"本事"依然温良。

在孑民堂前东屋里的那间狭窄简陋的校长办公室里，季羡林算是常客。作为东方语言文学系主任，他要向胡适请示汇报工作。胡适主编报纸上的一个学术副刊，他又是撰稿者，所以免不了常谈学术问题。

那些灵魂有香气的男子

在一日日的接触、相处中，季羡林不禁发赞：最难能可贵的是，胡适待人亲切和蔼，见什么人都是笑容满面，对教授是这样，对职员是这样，对学生是这样，对工友也是这样。从来没见过他摆当时颇为流行的名人架子、教授架子。"我作为一个年轻的后辈，在他面前，决没有什么局促之感，经常如坐春风中。"

既朴实，又谦礼，就是胡适——先生温润如玉。生活中他亦如此。

近代史学家唐德刚对胡适很是敬仰，又颇受其恩惠。他常到胡适家中吃饭，因年轻，一顿饭的饭量相当于胡适夫妇一天的饭量，胡适出门买米买菜总要多买一些，有时他不在家吃饭，也要吩咐江冬秀多做些饭菜，准备出唐德刚的分量。这份忘年交的情谊，唐德刚铭记终生。后来，他接受《三联生活周刊》采访时，深情无限地说："胡先生很厉害，对我像家长一样！"

胡适的家门对外开放，来者不拒。任何人，只要开口，他都会诚意倾听，耐心叙谈。某日上午，佣人向胡适递上一张名片。胡适相当生气地流露出对来人品格及动机的不满，但想了一想，还是决定接见。随即，客厅里就听见胡适大声地招呼他："这好几个月都没听到你的动静，你是不是又在搞什么新把戏？"紧接着就是双方连说带笑的声音。可以想见，这才是胡适不可及之处的其中之一：对人怀疑要留余地，尽量不给人看一张生气的脸。

胡适的秘书胡颂平对此更是受益颇深。他坦言，胡适平时交给他工作，无论是写一封简单的信，还是摘录一些资料，或是出去接洽一件事情，总是说："我想请你帮我做一件事，你有空时去办，不忙，不忙。"等他办好复命时，胡适也总是说："谢谢你。"或者说："太麻烦你了，多谢多谢。"晚年，胡适在医院特一号病房里养病，有一天夜里，他的被头不曾盖好，夜班的护士看见了，轻轻地过去帮他盖好。这时他已睡着了，但他在睡梦中对这位护士说："谢谢你。"第二天，这位护士告诉他时，他自己一点也记不起了。胡颂平如常到医院之后，胡适对他说："如果我睡着真的会说'谢谢你'三个字，我相信这是我的好习惯。"

苍茫人生，在胡适过来都是静好岁月，他内心的儒雅之河，汩汩静淌，涓涓细流源自母亲，他竟脉脉绵续了一生。


## 与人为善，成人之美

胡适有白话诗道："此身非我有，一半属父母，一半属朋友。"在他繁复而精彩的人生历程中，人际世界，可谓是一大深泓。

胡适交往的人士如此之多，以至于我们要列出一份完整的胡适交往名单，是一件很不容易的事。但如若是举一份他的恩泽名单，下一番功夫，或许是更容易的。

他的资助，他的提携，改变了多少生命的进程。

林语堂在美国留学时，生活极为窘迫。他想起出国时胡适邀他留学归国后到北大任教，便写信给胡适，问能否预支工资。胡适立即给他寄去一千美元。后来，林语堂又一次陷入困境，胡适再寄给他一千美元。林语堂留学归国，到北大英文系担任教授，他到北大的第一件事，就是当面向胡适致谢。胡适此时正在杭州养病，林语堂便找到教务长蒋梦麟致谢。蒋梦麟莫名其妙："什

那些灵魂有香气的男子

么两千美元？"林语堂这才明白，北大根本没有资助留学生的计划，当时胡适为招揽人才，私下和他做了口头协定。林语堂求助时，胡适为了遵守约定，就自掏腰包给其寄去巨款。

北大图书馆为文学院长、法学院长和各系的系主任设有专门的阅览室，然而院长和系主任们甚少使用。文学院长胡适家中藏书甚多，自然更不去使用分配给他的那一间专用阅览室。已被胡适留任北大的邓广铭鼓足勇气去问恩师，他在图书馆的那间阅览室可否借用，胡适毫不迟疑地答应了，当即打电话给图书馆的负责人，嘱咐他把阅览室钥匙交给邓广铭。此后，邓广铭除了上午到文科研究所去整理拓片，下午和晚上全都待在那间阅览室里。邓广铭自此真正体会到从事学术研究的乐趣，后来成为中国宋史学界的一代宗师。

小学都未曾毕业的沈从文应胡适之邀，到中国公学任教。第一次走上讲台，看着教室里黑压压的人，他紧张万分。一分钟过去了，他未能发出声来；五分钟过去了，他仍然不知从何说起……众目睽睽之下，他竟呆呆地站了近十分钟！此后，好不容易开了口，不料，十余分钟便把原本准备讲一个小时的内容全部讲完了。他再次陷入窘迫。最终，他只得拿起粉笔，在黑板上写道："我第一次上课，见你们人多，怕了。"学生们哄堂大笑。有学生向胡适反映，胡适问："有没有学生赶沈先生走？"学生答无，胡适哈哈一笑，说："上课讲不出话来，学生不轰他走，这就是成功。"

对于陷入困境的，胡适会给予帮助；对于寻求工作的，胡适开启"介绍直通车"。

他的一腔真挚仍在继续。

罗尔纲到胡适家工作，胡家常贵客盈门，名流满座，胡适怕其心生自卑之感，每次客人到访，都要夸奖罗尔纲一番。有时家中举办特别的宴会，他便一并请之做客，让罗尔纲也高兴一天。一年后，罗尔纲回乡探亲，临行前，因面对胡适感激之情实在难以言表，便写了封信表示感谢。第二天，胡适回函，用"命令"的口气说："我不得不向你提出几个条件：（一）你不可再向你家中取钱来供你费用；（二）我每月送你四十元零用，你不可再辞；（三）你何时能来，我寄一百元给你作旅费，你不可辞。如此数不敷，望你实告我。"

在胡家工作长达五年的时间中，胡适不仅对罗尔纲心智上关怀、物质上支援，对其前途也颇费心思。

1935年，蒋廷黻看过罗尔纲的文章后，推荐其代替自己到清华教中国近代史，胡适却替其回绝了。罗尔纲的朋友们知道后，极为气愤。每到星期日，罗尔纲须上胡家，他们便不让其去，而是拉着他逛公园，如是两月之久，直到得到其他地方的聘请。罗尔纲上胡家辞行，胡适说：

"尔纲你生气了，不上我家，你要知道，我不让你到清华去，为的是替你着想，中国近代史包括的部分很广，你现在只研究了太平天国一部分，如何去教人？何况蒋先生是个名教授，你初出教书如何就接他的手？如果你在清华站不住，你还回得北大来吗？"

罗尔纲听罢，热泪夺眶而出，最后他听从胡适建议，留在了北大。

风起云涌的日子里，他成为一盏温惠的明灯，诚意打点，乐心而为。

1947年，胡适看到燕京大学西语系大三学生周汝昌发表的《〈红楼梦〉作者曹雪芹生卒年之新推定》一文后，写信给周汝昌，对其大加称赞。此后，二人经常书信往来，讨论红学问题。周汝昌提出要借阅胡适收藏的《甲戌本脂砚斋重评石头记》，胡适慷慨出借。多年后，周汝昌在《我与胡适先生》中感慨道：在我五六十年来有幸接触交往的很多位鸿儒硕学中，称量其为人的气度气象、胸襟视野，我感到唯有胡适之先生能够称得上一个"大"字。胡适晚年说，周汝昌是他在大陆最后收的一个徒弟。

1948年夏，乐黛云进入北大求学。对于胡适的离开，乐黛云日后直言，其实，她真正的大学生活，精确说来也只有五个月！这的确是她一生中少有的一段美好时光。现在回想起来，说不定正是这五个月注定了她一辈子喜欢学校生活，热爱现代文学，崇尚学术生涯。这五个月中，没什么政治活动，只搞过一次"争温饱，要活命"的小规模请愿。那次请愿非常温和，她跟着大家，拿着小旗，从四院步行到沙滩校本部去向胡适校长请愿。学生们秩序很好地在院里排好队，胡适校长穿着一件黑色的大长棉袍，站在台阶上接见他们。他很和气，面带忧伤。这次请愿的结果是，凡没有公费的学生都有了公费，凡申请冬衣的人都得到了一件黑色棉大衣。这件棉大衣，乐黛云一直穿到大学毕业。

高山流水，瞻仰师德、心念恩情的又何止这几个。

的确，胡适交友遍及海内外，上至总统、主席，下至司厨、贩夫走卒，担菜、卖浆等行列之中都有胡适的朋友。

他交友有方，因着本身具有的温情与亲切，给人以陶醉的学养，并无所拘束。

他深得人心，因着乐于帮助人，受其接济、施惠的人不少。对穷人，他接济金钱；对狂热分子，他晓以大义。他因此又得了一个"大哥"的名号，因为他总是随时愿意帮忙或提供意见。他的朋友，或是自称他朋友的人，实在太多了，甚至有刊物公开宣布：这本杂志的作者谁也不许开口"我的朋友胡适之"，闭口"我的朋友胡适之"。

要怎么收获，先怎么栽。

一如他自己所言，胡适就是这么本性而为的。

那些灵魂有香气的男子

## 久而敬之，婚姻之道

在美国康奈尔大学就读时，胡适曾应万国学生会之请演讲中国婚姻制度。当时西方人讽刺中国人的婚姻为"盲婚"，胡适却说："贵国人结婚，男女事先恋爱，恋爱热度达到极点乃共缔姻缘。敝国人结婚，从前多由父母之命、媒妁之言，男女素未谋面，结为夫妻后，始乃恋爱，热度逐渐增加。是故贵国人之婚姻是爱情之终也，敝国人之婚姻则爱情之始也。"胡适的演讲引来台下阵阵掌声。

生在中国，胡适的立身处世，确然完全符合中国的伦理之道，尤其是他的婚姻一事。

胡适十三岁时，母亲就为他定下一门亲事，未婚妻叫江冬秀，比他大一岁，是徽州望族之女。他对母亲非常孝顺，从不曾挑剔为难，博母欢喜是为孝道。接受了母亲的安排，胡适对夫人也切实做到了终生敬爱，到老不变。

1916年1月，胡适偶患小病，身居

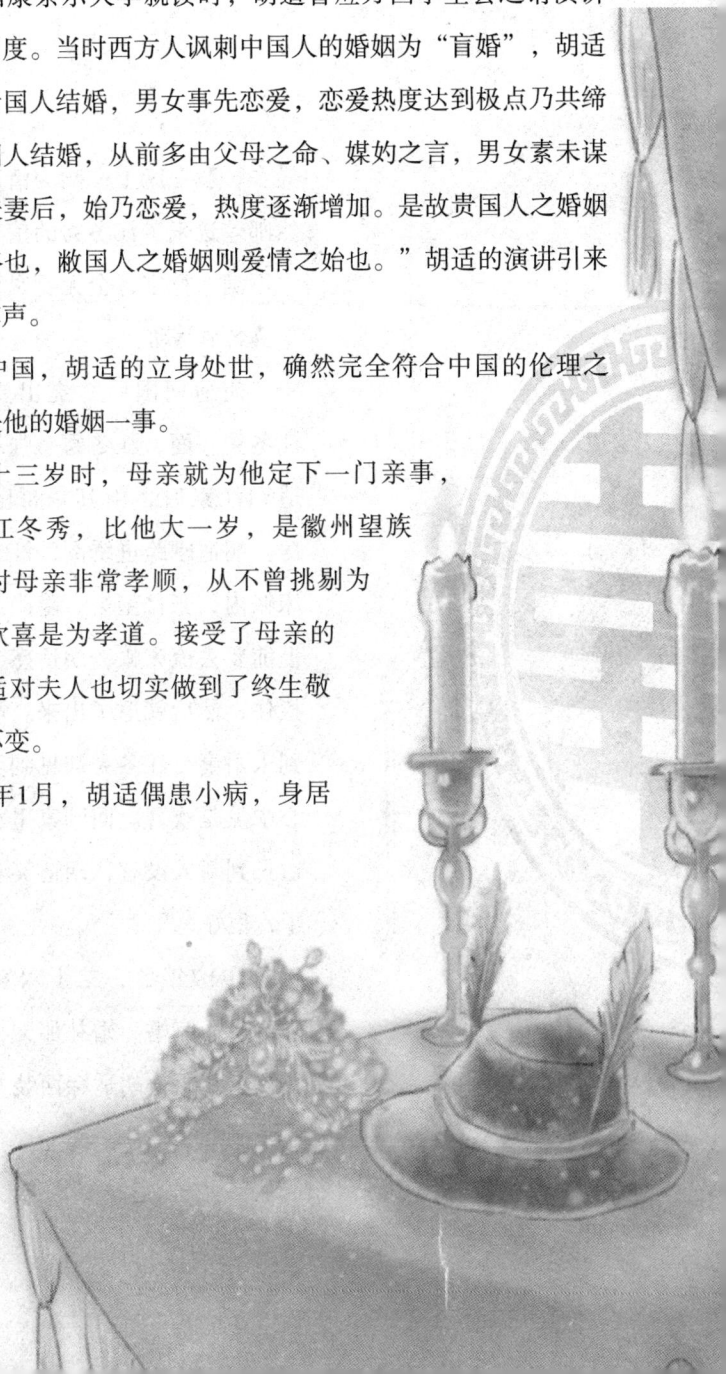

异乡，躺在床上，颇为清冷凄苦，忽然邮差送来了江冬秀的信，尽管全部"不满八行字，全无要紧话"，胡适却莫名地感动。

胡适回国后，提出要在婚前见江冬秀一面，江冬秀勉强答应了。胡适到江家后，由其哥哥陪同前往闺房。胡适刚跨进绣阁，江冬秀便掩进床帐内，张目望去，隐隐约约。舅母上前要去撩床帐，胡适感到愧疚，忙拦住，然后就退了出来。胡适虽未见到未婚妻，江冬秀却见到了未婚夫，心中煞是欢喜。回到家里，大家问胡适见到新人没有，胡适笑着说："见了，很好。"

1917年冬，二十六岁的胡适终于奉母命完婚。婚礼那天，江冬秀穿花袄、花裙，胡适穿西装礼服、戴礼

那些灵魂有香气的男子

帽、穿黑皮鞋，两人相对，恭恭敬敬地行了三鞠躬礼。胡适为自己的婚礼写过一首诗：

> 记得那年，
>
> 你家办了嫁妆，
>
> 我家办了新房，
>
> 只不曾捉到我这个新郎。
>
> 这十年来，
>
> 换了几朝帝王，
>
> 看了多少世态炎凉，
>
> 锈了你嫁妆剪刀，
>
> 改了你多少嫁衣新样，
>
> 更老了你和我人儿一双。
>
> 只有那十年的陈爆竹，
>
> 越陈便越响。

新旧交错的婚姻中，"好好先生"自有他的宽慰可愉之处。胡适常说，太太年轻时是活菩萨，怎好不怕；中年时是九子魔母，怎能不怕；老了是母夜叉，怎敢不怕！他"惧内"的趣谈，不胫而走。

许多人都认为这桩婚姻中，江冬秀占了大便宜。李敖曾说：你看到了江冬秀女士以后，你才知道胡适的伟大。像鲁迅，从日本留学回来以后，把原来那个乡下婆子丢掉了；像傅斯年，把原来老婆丢掉了，可是胡适没有把他这个缠小脚的乡下老婆丢掉，乡下老婆就反客为主，欺负起胡适来。欺负到什么程度啊？胡适跟朋友们一起聊天的时候，这个老婆可以进来，当众骂街，讲脏话，讲粗话，讲撒泼的话。

但是，江冬秀虽没有文化，却是个称职的妻子。她懂得如何与出版社交涉，催要稿费；她支持胡适的事业，理解胡适的宽容与慷慨；她包办了家中大小事务，知道如何照顾胡适，不让胡适太过拼命工作。1918年，江冬秀到北京照顾胡适的生活起居，胡适的生活从此规律了，他在给母亲的信中说："自冬秀来后，不曾有一夜在半夜后就寝。冬秀说，她奉了母命，不许我晚睡。我要坐迟了，她就像一个蚊虫来缠着我，讨厌得很！"胡适的父兄子侄寿命都不长，胡适却享年七十一岁，不能不说有江冬秀的功劳。

江冬秀从不逼迫丈夫做官，甚至不愿意丈夫做官，胡适曾在家书中说："你总劝我不要走到政治的路上去，这是你在帮助我。若是不明大体的女人，一定巴望男人做大官。"胡适出任驻美大使，江冬秀写信"痛斥"胡适。胡适复函安慰说："我声明，做到战事完结为止。战事一了，我就回来仍旧教我的书。"她在报纸上看到胡适在美国心脏病发的消息后，未征得胡适同意，直接托张慰慈拍电报，请之向国民党政府汇报，准许胡适辞去大使职务。此后对于胡适任北大校长，江冬秀虽未阻拦，但亦表示不赞成。

胡适的领带下端总会有一个小拉链，拉开是个暗袋，内藏五美元，这是江冬秀为他藏的，因为即使出门被人抢劫了，旧领带也不会丢失，他可以用五美元搭车回家。

细节之处，皆是明证。在时间的相待相携中，江冬秀受了胡

那些灵魂有香气的男子

适的感染，对青年怀以友助，保持施恩予惠。这或者也是何以胡
适与之感情深长吧。

罗尔纲就曾断言："假如适之夫人是个留学美国的女博士，
我断不能在胡适处五年。"他在上海多年过冬都是穿一条秋裤。
随胡适到了北京，这条秋裤怎能抵得住北方的寒冬，江冬秀立刻
给他缝了一条厚棉裤，还把胡适的皮袄给他穿。

吴晗去云南大学任教前，曾向江冬秀借三百元，一百元自
用，两百元留给在北京的妻子。江冬秀听后二话不说，取出三百
元交给吴晗，说："我送给你。"

抗战时期，胡适赴美后，江冬秀依旧给胡适家乡的学堂捐
款，救济家乡生活困难的人。胡适写信给妻子表示十分感激。

唐德刚更道，江冬秀有与胡适一样的率性底色。第一次见
面，她对他直呼其名。几次访问之后，他在她的厨房内烧咖啡、
找饼干……就自由行动起来。唐德刚直言，江冬秀是千万个苦难
少女中，一个最幸运、最不寻常的例外，而胡适则是三从四德的

婚姻制度中，最后的一位福人。

对于质疑的声音，胡适的回答是：只有自己的脚才知道鞋子合不合适。他还有心得：久而敬之这句话，也可以作为夫妇相处的格言。所谓敬，就是尊重。尊重对方的人格，才有永久的幸福。如此，胡适也不觉深谙了婚姻之道。

高梦旦曾邀胡适到消闲别墅聚餐。席间二人谈及胡适的婚事，高梦旦赞扬道：

"许多旧人都称赞你不背旧婚约，是一件最可佩服的事！我敬重你，这也是一个原因。"

胡适反问："这一件事有什么难能可贵之处？"

高梦旦回答："这是一件大牺牲。"

胡适坦陈："我生平做的事，没有一件比这件事更讨便宜的了。当初我并不曾准备什么牺牲，我不过心里不忍伤几个人的心罢了。假如我那时忍心毁约，使这几个人终身痛苦，我良心上的责备，必然比什么痛苦都难受。其实我家庭里并没有什么大过不去的地方。这已是占便宜了。最占便宜的，是社会上对于此事的过分赞

许；这种精神上的反应，真是意外的便宜。我是不怕人骂的，我也不曾求人赞许，我不过行吾心之所安罢了，而竟得这种意外的过分报酬，岂不是最便宜的事吗？若此事可算牺牲，谁不肯牺牲呢？"

诚然，在胡适的婚姻之外，也有过一些美丽的小插曲。但是，所有与女朋友相关的内容在胡适本人的日记里都十分隐晦，而他的自述和晚年谈话录则压根儿不谈情感。可见，胡适是位发乎情、止乎礼的"胆小"君子，且每次都从罗曼史中全身而退。

胡适是自有见地的，因他和他的社会地位，以及他的家庭都被那些爱他的人好好地呵护着。这何尝不能够满足呢？

——太太出门要跟从，太太命令要服从，太太说错要盲从；太太化妆要等得，太太打骂要忍得，太太生日要记得，太太花钱要舍得。

时下，胡适的"新三从四德"仍为人所熟稔称道。

都是平常情感，都是平常言语，醉过才知酒浓，爱过才知情重。

## 勤谨和缓，智德兼隆

同时代的硕彦名儒之中，有胡适的资质的，大多没有胡适用功；和胡适同样用功的人，则多半没有他的天资；先天后天都堪与胡适相垺的，又没有他的德行好、人缘好、气味好。

胡适的了不起之处，便在于他原是我国新文化运动的开山宗师，但是经过时间的考验，他既未流于偏激，亦未落伍，始终一贯地保持了他那不偏不倚的中流砥柱的地位。开风气之先，扬思想之光。大胆地假设，小心地求证；认真地做事，严肃地做人——把我们古老的文明，导向现代化之路。

熟读近百年中国文化史，群贤互比，胡适是当代第一人！

这是一个温和却坚定的人。

1925年，信奉儒家思想的章士钊与胡适有一组关于白话文的对诗。二人曾照了一张合影，在照片的背面，章士钊写道："你姓胡，我姓章，你讲什么新文学，我开口还是我的老腔。你不攻来我不驳，双双并坐各有各的心肠。将来三五十年后，这个相片好作文学纪念看。哈，哈，我写白话歪诗送给你，总算老章投了降。"

胡适却用文言相和："但开风气不为师，龚生此言吾最喜。同是曾开风气人，愿长相亲不相鄙。"

胡适将自己的《中国哲学史大纲》上卷送给章太炎，依新式标点符号，在"太炎"二字旁打了一根黑线。章太炎看后大怒："胡适是什么东西，敢在我名字旁边打黑线。"看到下面落款的"胡适"二字旁也有一根黑线，才消了气道："罢了罢了，这就算抵消！"即便如此，章太炎对胡适的书还是有所肯定，并很罕见地用白话文给胡适回信，破天荒地使用了标点，指出了书中的不足之处。

胡适坚持白话文和白话诗，无论遭多少人骂，他照样去做。他用理性的、温和的方式开出一条天地相通的大道。

当讲课谈到白话文的优点时，一位学生站起来抗议道："胡先生，难道讲白话文就没有缺点吗？"

胡适微笑着说："没有的。"

那位学生反驳道："白话文语言不精练，打电报用字多，花钱多。"

胡适说："不一定吧。前几天行政院有位朋友给我打来电报，邀我去做行政院秘书，我不愿从政，决定不去，为这件事我复电拒绝。复电是用白话写的，看来也很省字省钱。请同学们根据我这一意愿，用文言文编写一则复电，看看究竟是白话文省，还是文言文省。"

学生所拟拒聘电报中，最简者为："才疏学浅，恐难胜任，不堪从命。"

而胡适的白话电文稿为："干不了，谢谢。"

学生听后不由得纷纷点头赞同，胡适于是说："文之优劣，原不在文白，在于修辞得当也。"

名医陈存仁与胡适是同门，师从章太炎。见面时，胡适再三再四地告诉他：写文章一定要用白话文，并且要少引用成语，应该"越白越好"。做文字工作的人最忌写深奥的古文，因为文章写得越古，越是令人看不懂，就失掉了写作的意义。这些话对陈存仁的影响很大。胡适还建议他写字要越清楚越好。陈存仁从此遵从胡适的意见，开药方也从不写一个草字。

而胡适自己写文章，其实是很慢的。这大概和他治学的严谨深有关联。

胡适提出，做学问要在不疑处有疑，待人要在有疑处不疑；他定义新文化运动的使命是，研究问题，输入学理，整理国故，再造文明。因此他用考据法研究《红楼梦》，一改"索隐派"的一贯套路，启发了后世红学的研究思路；他写了中国第一部具有现代学术风格的文学史专著《白话文学史》；他迷恋于《水经注》的研究，穷尽半生，亲身实践"整理国故"的理念。

事实上，胡适从来不是一个纯粹的学者，他得学问兼而议政。时代的节奏敦促着学者们肩负起革故立新的责任，并且整个国家救亡图存的现状就摆在那里，容不得他们有半点停顿与踌躇，反而是鞭挞，更是主动而为之的热忱。

不过，一如他的性情，胡适平生反对暴力，主张以和平方式解决争端。

胡适与陈独秀虽私交甚笃，政见却分歧明显。正如鲁迅评说的，假如将韬略比作一间仓库，陈独秀的是外面竖一面大旗，大书道："内皆武器，来者小心！"但那门却开着，里面有几支枪、几把刀，一目了然，用不着提防。胡适的是紧紧地关着门，门上粘一条小纸条道："内无武器，请勿疑虑。"

胡适因参加段祺瑞的善后会议，而与陈独秀展开过"舌战"：

"此次暴徒火烧《晨报》，难道也是争取自由之举吗？"

"《晨报》为新月派把持，这样的立场，如何不能烧？"

"仲甫，你竟然已不能容忍丝毫异己思想了？如果社会是这样的，那是何等的阴森残酷？"

……

不管观念如何冲突，胡适都希望大家能够宽容共存，给他人以自由。

他曾致信周氏兄弟："我是一个爱自由的人，我最怕的是一个猜疑、冷酷、不容忍的社会。我深深地感觉你们的笔战里，双方都含有一点不容忍的态度，所以不知不觉地影响了不少的少年朋友，暗示着少年朋友朝着冷酷、不容忍的方向走，这是最令人惋惜的。"

他一次次深有感触地强调，容忍比自由更重要。

1938年年中，胡适开始了驻美大使的历程。

在西方的土地上，他为中国的抗日救亡事业行路万里，演讲百次。他还多次拜会他的哥伦比亚大学校友、曾任美国总统的罗斯福，动之以情，晓之以理，呼吁美国改变绥靖主义立场，为中国抗战主持正义。

辗转十年，奔走呼号，但归根结底，胡适从政只是烟火时代的一隅作响。

他以人弘道，完成了对"独立之精神、自由之思想"的最好注脚。

百年风云过后读胡适，他依然平易近人、可亲可敬，是一位"老好人"，但开风气不为师——他什么都没完成，却开创了一切。

勤谨和缓，智德兼隆。

这个为学术和文化的进步，为思想和言论的自由，为民族的尊荣，为人类的幸福而苦心焦思、敝精劳神的人，用他一贯温和的模样，笑着谈着，终与世长辞。

刮得干干净净的一张脸，整洁入时的衣着，头发乌黑，不见一丝灰白；饱满的奥古斯都式额头，一双坦率的大眼睛，两片能言善辩的、灵活的嘴唇，面色红润。

他，连同给予世界的光明一样，将永远存在。

# 辜鸿铭

## 众人皆醉，唯我独醒

**生平：** 1857—1928，名汤生，字鸿铭。祖籍福建惠安。学博中西，号称"清末怪杰"，是当时精通西洋科学、语言兼及东方华学的中国第一人。曾为张之洞幕僚，任教于北京大学。他将中国"四书"中的三部——《论语》《中庸》《大学》——翻译成英文，并著有《春秋大义》等英文书。

**受业：** 先后留学于德国爱丁堡大学、莱比锡大学。

**传道：** 李季等。

**言语：** 我的辫子是有形的，可以剪掉，然而诸位同学脑袋里的辫子，就不那么好剪啦。

**品藻：** 他是具备一流才智的人，而且最重要的是他有见识和深度，不是这时代中的人能有的。

——林语堂

20世纪初，西方人曾流传一句话：到中国可以不看三大殿，不可不看辜鸿铭。

辜鸿铭何许人也？

他生在南洋，学在西洋，婚在东洋，仕在北洋。精通九种语言，获十三个博士学位，倒读英文报纸嘲笑英国人，说美国人没有文化，第一个将中国的《论语》《中庸》用英文和德文翻译到西方。凭三寸不烂之舌，向日本首相伊藤博文大讲孔学；与俄国大文豪列夫·托尔斯泰书信来往，讨论世界文化和政坛局势，交为"东方知音"；被印度"圣雄"甘地称为"最尊贵的中国人"……

时人如是评：辜鸿铭可说是怪才，他的"才"可能有人能相比；至于他的"怪"，却是无人能比的。

## 嬉笑怒骂，皆成文章

当蔡元培去德国莱比锡大学求学时，辜鸿铭已是声名显赫的知名人物；当林语堂来到莱比锡大学时，辜鸿铭的部分著作已是德国一些大学指定的必读书了。

查看这所欧洲最古老大学之一的知名校友名单时，你会发现，它培养的东方第一人，正是辜鸿铭。

十四年的留学生活，使一位富有天赋的少年成为精通西方文化的青年学者。而其间的渊源，两度辗转，却不得不说是注定的。

辜鸿铭的父亲是英国人布朗经营的橡胶园的总管，讲流利

那些灵魂有香气的男子

的闽南话，也讲英语、马来语，母亲则是金发碧眼的葡萄牙人，讲一口流利的英语和葡萄牙语。如果说，这样的家庭环境给予了辜鸿铭先天的语言天分的话，那么，布朗收其做义子，并把他从南洋马来半岛带到西方，倾心教育，就是辜鸿铭这块璞玉的雕琢之始。

十岁以后，辜鸿铭谨遵义父的教导，以背诵弥尔顿的《失乐园》开始西学。义父开讲，他跟着背，总共六千五百多行的无韵诗，很快就背得滚瓜烂熟。接着，他又背熟了歌德的《浮士德》、卡莱尔的《法国革命史》及莎士比亚三十七部戏剧等经典著作。

多年后，他的老友梁敦彦听说他六十多岁还能一字不落地背诵《失乐园》，就直言道："如现在你年轻二十多岁，我信。可你已这把年纪了，说说还行，不背也罢。"辜鸿铭当即从架上取下一本《失乐园》给梁敦彦，以一口流利的英语，一字不差流水般地背了起来。

对于记忆之法，辜鸿铭在一个外国人请教他因何有如此记忆力时，这样说：你们外国人用脑记忆，我们中国人用心记忆。

仅是讨教一个技法，何须如此"上纲上线"？

当然，事出并非无因。

辜鸿铭的留学生涯并非一帆风顺。

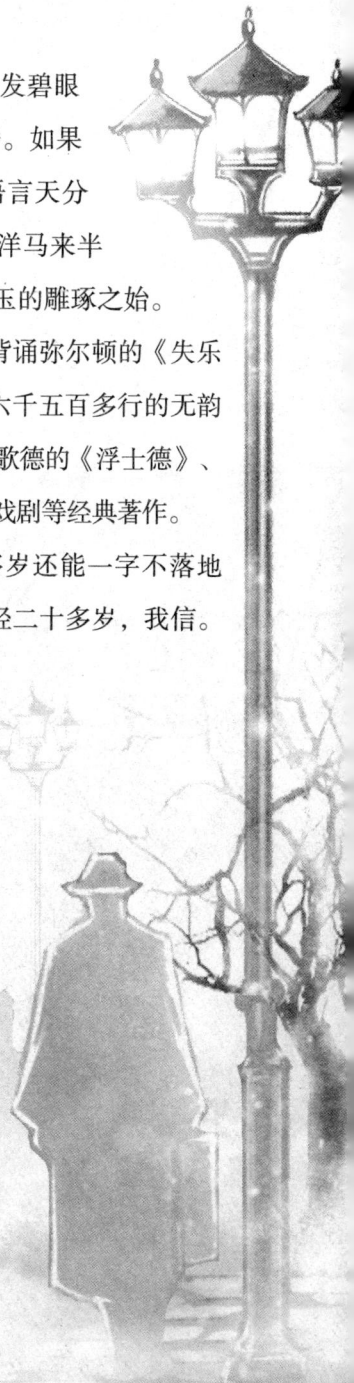

彼时的中国积贫积弱，中国人来到异国，往往受人鄙视，遭受不公正待遇。

　　当辜鸿铭走在街上，就会有人无所顾忌地朝着他叫喊：中国佬！面对这种羞辱性的挑衅，他的心中一遍遍回放少时父亲予他的临别赠言：不论你走到哪里，不论你身边是英国人、德国人还是法国人，都不要忘了，你是中国人。

　　于是，辜鸿铭并没有选择逃避，而是借助智慧进行反击。

　　在英国，每逢中国的重大传

统节日，辜鸿铭总要在房间朝东的位置摆上供桌和供品，敬上酒馔，遥祭祖先。房东太太见后揶揄道：这样做，你的祖先就能吃到供桌上的饭菜了吗？辜鸿铭反唇相讥：你们在先人墓地摆上鲜花，他们就能闻到花的香味了吗？

他留学德国时，也曾小试牛刀，露过一手。

从维也纳到柏林的火车上，因为旅途疲劳，他闭着眼睛正养神。这时，对面空位上新上来两三个神气十足的德国青年，他们刚一坐定，就对辜鸿铭评头品足，很是缺乏教养。辜鸿铭先是装作听不懂，没加理睬，然后不动声色地拿起面前的一张德文报纸，若无其事地倒着看起来。那几个洋小子延颈一瞅，一个个乐得五官挪位，又是挤眉弄眼，又是摇头撇嘴。

洋小子们以为辜鸿铭不懂德文，忘乎所以地放声大肆哗笑，就连旁边坐着的几位欧洲人也听不过耳，几乎忍不住要挺身加以干涉了。这时候，只见辜鸿铭懒洋洋地抬起头，那张似张非张的嘴巴，冷不防像快速嗑瓜子一般，突然流出一连串字正腔圆、地道得不能再地道的德语：

"你们德国的文字真是太简单了。若不是倒着看还真是没什么意思。甭说这种通俗的玩意儿，就是你们的圣人歌德那部《浮士德》，我也能倒着跟你们念个一字不差。"

末了，他还用典雅的德语，大段引诵歌德语录，教训他们该如何尊重他人，羞得那几个洋小子面红耳赤，趁火车到站，赶紧溜之大吉了。

或许，东西文化交相辉映的初始阶段，就是以这般个体的本能对抗存在的，而辜鸿铭确在其中深彻了自己的根须，明朗了自己的信念。

虽然身在海外，但他对祖国文化依然情有独钟。

许是天假之缘，就在一次外出途经新加坡时，辜鸿铭巧遇中西通才马建忠。两人一见如故，把酒言欢，长谈三日。在辜鸿铭面前，马建忠狂侃中国文化，旁征博引，犹如醍醐灌顶，令辜鸿铭大开眼界，并大有相见恨晚之感。

这次谈话，对辜鸿铭一生影响极大，他感到自己再也不能待在这里过优哉游哉的舒适生活了，而应当回国"恶补"传统文化。四十多年后，辜鸿铭回忆说，同马建忠的晤谈，是他一生中的一件大事，正是因为马建忠，他再一次变成一个中国人。

自此，辜鸿铭打点行囊，踏上了"返祖归宗"的道路。

前路迢迢，漫长得让一个二十出头的青年无从设想和规划。

他如何知道，正是这十余年对西学的了解与擅长，促进了他为仕历程，进而成就了他对于传统中国价值理念的洞察与揭示……

## 反以"怪"名扬天下

一帧一帧的山水，一程一程的游历。

作为一位西学归来的绅士，站在中国的土地上时，他内心的感情是丰富而复杂的，瞻仰与欣喜，陌生与渴望，激动与庆幸……好在，他回来了。

并且，中国之门也随即向他打开。

那些灵魂有香气的男子

1884年7月，在一艘渡船上，辜鸿铭逢遇了时任两广总督的张之洞的手下杨汝澍，由此开启了他此后二十多年的官仕生涯。晋升是他不大在乎的事，反而由此"怪"名扬天下了。

张之洞接见辜鸿铭的情形，很有些戏剧化的色彩。

这天，辜鸿铭在门房的引领下来到张府会客厅。张之洞从窗户缝间打量了一下这位年轻人：他头上没有辫子，却戴着帽子，穿着一身洋服，脚下穿一双用野兽皮做的鞋子，走起路来踢踏作响，甩着两只膀子，大模大样地走进来。

张之洞心想：这家伙虽然打扮怪异，但只要我一出场，肯定要毕恭毕敬、诚惶诚恐地给我匍匐跪地、磕头不断。

可是，大大出乎他意料的是，等自己走进客厅后，这位辜姓青年非但没有磕头请安，就连基本的拱手作揖也没有，而是径直走上前来，要握住自己的手，着实吓了张之洞一跳。不但如此，他抓起摆在桌子上的瓜子就嗑了起来，边嗑边聊，瓜子皮撒了一地，颇有些前秦奇才王猛扪虱而谈的风采。

张之洞平生阅人无数，但像这种人还是头一遭遇到，他有点儿喜欢辜鸿铭，但又觉得这小子没大没小，不讲规矩。然而，当双方的谈话切入正题的时候，张之洞即刻被其卓越的语言天赋和丰富的西方知识所深深折服。于是，张之洞在接见辜鸿铭后不久便聘任其为外交顾问秘书，并且还享受特殊待遇，无须每天去衙门报到，遇到重大事情时，方派人去其住所延请。

辜鸿铭不负张之洞的一片厚爱，初来乍到便大显神威。

恰时，张之洞邀宴来访的俄国皇储及希腊王子一行于晴川阁，辜鸿铭以法语周旋其间。宴席进行到一半的时候，俄国皇储与希腊王子私下用俄语嘀咕，意思是当晚还有别的应酬，宜节量。没料到他们的话音刚落，辜鸿铭当即对他们说："此餐颇合卫生，还望各位贵客尽兴尽量才好。"客人十分惊异。

张之洞喜吸鼻烟，希腊王子感到好奇，忍不住用希腊语问俄国皇储：主人鼻上所吸何物？辜鸿铭马上将此语转告张之洞，张之洞立即命人另取一枚鼻烟送给希腊王子把玩。皇储和王子更加惊奇，深感中国藏龙卧虎，小觑不得。当他们得知辜鸿铭所显露的还是其不太擅长的外文语种时，更是惊诧莫名，傲慢之心大为收敛。

临行之前，俄国皇储郑重表示，若辜鸿铭有机会到俄国游历，他必定以上宾之礼敬待。他还特意取出一块刻有皇冠的金表，赠予辜鸿铭。俄国皇储后来抵达上海，逢人便说：汉口见张总督，有辜鸿铭所通语言至博，各国无此异才。

语言不过是辜鸿铭得心应手的工具，辩智才是他最厉害的。

张之洞为训练新式军队，请来几名德国教官协助，并规定其必须和大清军官一样，着清朝官服顶戴，行跪拜或半跪礼。几名德国教官对穿着无异议，但无论如何也不肯行跪礼。张之洞一时犯了难，辜鸿铭便主动请缨去说服德国人。

"先生们，每个礼拜日，你们都到教堂去，跪在耶稣面前，虔诚忏悔。在尊敬的德皇面前，你们不是也要跪吗？向心爱的女人求婚时，也经常下跪。所以，行跪礼绝不是我们东方所独有的。在欧洲，跪礼的历史，怕不比我们中国短呢。"

"辜先生，你们的张总督大人当然也值得尊敬，但怎么好和耶稣、日耳曼大帝相比？"

"在中国，跪和半跪都只是一种礼节而已，只是为了表示尊重和敬意。对中国人来说，对自己尊重的人行跪拜礼或半跪之礼，还格外有一种君子的谦恭和客气。这也是做人的一种美德。"

德国教官无奈，只能同意在就职之日，穿清朝官袍，向张之洞行跪拜礼。此事在当时引起轰动。

那是一段风云跌宕的岁月。命运，就在兵器和热血中来回冲撞。

回到故土的辜鸿铭，对国家的软弱和不幸认识得越发清楚，那是清醒的耻辱和深刻的愚昧。因此，他一心埋头研究中华文化，并致力于向西方阐释和输出中国文化。

1898年，伊藤博文到中国游历，此时正值辜鸿铭的英译本《论语》问世不久，身为英国爱丁堡大学校友的伊藤博文为此专门造访了辜鸿铭。

他乘机调侃道："听说你精通西洋学问，难道还不清楚，孔子之道，只能施行于数千年前，不能适应当今的局势了吗？"

辜鸿铭见招拆招，回答道："孔子教人的方法，就好比数学家的加减乘除，在数千年前，其法是三三得九，如今20世纪，其法仍然是三三得九，并不会三三得八。"

伊藤博文听了，一时间无言以对。

身处张氏幕府，的确给了辜鸿铭施展才华的宽阔舞台，他的"副业"也深得张香帅（张之洞，号香涛，又是总督，故称"香帅"）的支持和鼓舞，名声自然不知不觉远扬在外。

不过，他不光给香帅出谋划策，还时常痛斥丑恶，体现出其性格中疾恶如仇的一面。

辜鸿铭应邀出席湖北自强学堂的开学典礼，全省官员及教员学生百余人参加。典礼一开始，学堂监督梁鼎芬就将事先准备好的一篇颂词，叫一个日本归国留学生站在台前高声朗诵，对上至张之洞总督、下至学堂的各级上司歌功颂德。其颂词之谄谀肉麻，令在座的辜鸿铭浑身不自在。那位留学生终于朗诵完毕，辜鸿铭马上接着说：

"呜呼哀哉！尚飨——"

声音古怪又响亮，整个会堂顿时哄笑如雷，肃穆慷慨的气氛荡然无存。

1902年，慈禧太后六十八岁寿辰时，大小官员大搞祝寿活动。辜鸿铭所在的两湖总督衙门自然也不例外，请来各国驻汉口领事及学界、军界要人们开怀畅饮。为了给大家助兴，席间还伴奏西乐，反复播唱新编的为太后歌功颂德的《爱国歌》。

作为陪宴人员，辜鸿铭看着眼前热闹而又奢华的场面，忽然间想起了官衙外老百姓的辛劳与悲苦。他颇有感慨地对邻座的梁鼎芬说："唉，现在满街都在唱《爱国歌》，却没有人唱《爱民歌》！"

梁鼎芬听罢，对他戏言道："你何不试着编一首唱唱看。"

辜鸿铭略一沉思，脱口："我已得佳句四，梁大人愿意听吗？"

那些灵魂有香气的男子

"当然。"梁某应声道。

这时，只见辜鸿铭摇头晃脑，一字一句地大声念了起来："天子万年，百姓花钱；万寿无疆，百姓遭殃。"

闻听这惊人的十六字打油诗，满座一片哗然。

对于怪人，人们大概只有两三种应对方式：张之洞是偏爱，众人是不痛不痒地嬉笑而过，而袁世凯则更多的是惧怕吧。

1903年，张之洞到北京，袁世凯欲讨好，特地派北洋军在张之洞的寓所周围驻留保护。因知道辜鸿铭是张之洞的红人幕僚，见其时也极为谦恭，并客气地请教道："汤生（辜鸿铭的名）兄，西洋人练兵的要旨是什么？"

"练兵的秘诀，最重要的是尊王。"

见袁世凯露出不解的神情，辜鸿铭继续说：

"西洋各国，凡大臣寓所，有派军队守卫的，都是出于朝廷特别的恩赏。现在香帅入都，你竟然派军队替他看门，是以国家的军队巴结同僚。士兵们见此情形，必只知有你而不知国家，一上战场，将士各为自己的领兵统帅而战，临阵时一定彼此不相救顾。如此一来，即使步伐齐整，号令严明，器械娴熟，也不可能打胜仗。因此说：练兵的秘诀，第一是尊王。"

袁世凯一时下不了台。

然而，袁世凯的"噩梦"才刚刚开始。

在张之洞与袁世凯同入军机处之时，一次，袁世凯对德国公使说："张中堂是讲学问的；我是不讲学问的，我是讲办事的。"

当袁世凯的这一"得意之举"传入辜鸿铭耳中时，辜鸿铭不假思索道："诚然。然要看所办是何等事，如老妈子倒马桶，固用不着学问；除倒马桶外，我不知天下有何事是无学问的人可以办得好的。"

当时流传一种说法：洋人孰贵孰贱，一到中国就可判别。贵族的洋人在中国多年，身材不会走形变样；贱种的洋人则贪图便宜，大快朵颐，不用多久，就会脑满肠肥。辜鸿铭借题发挥，以此痛骂袁世凯：甲午以前，本乡曲一穷措无赖，未几暴发富贵，身至北洋大臣，于是营造洋楼，广置姬妾，及解职乡居，又复购甲第，置园囿，穷奢极欲，擅人生之乐事，与西人之贱种到中国放量咀嚼者无少异。人谓袁世凯为豪杰，吾以是知袁世凯为贱种也！骂得袁世凯体无完肤，一无是处，袁氏由此视其为心头大患，几欲杀之而后快。

辜鸿铭最看不起袁世凯，因此袁世凯挨他骂字数最多，也最为不堪。

袁世凯称帝之后，辜鸿铭怒骂：袁世凯的行为，尚不如盗跖贼徒，寡廉鲜耻无气义。又曾多次在不同场合公开宣言其为中国流氓的化身，并放语他的统治不会长久。

这时间，袁世凯为了堵住辜鸿铭的嘴，曾托人请他到袁家做家庭教师，月薪六百元，希望以此缓和关系。辜鸿铭毫不犹豫地一口回绝了。

好戏还在继续上演。袁世凯死后，全国举哀三天，辜鸿铭却特地请来一个戏班，在家中连开三天堂会。附近巡逻的警察前来

驱散人群，却被辜鸿铭大骂一
通。因辜家的座上客中有不少
洋人，警察不敢得罪，只能报
告上司。北京警察总监吴炳湘闻
讯赶来，发现是辜鸿铭，只对下属说
了一句：

"不要惹他，且随他去好了。"

——民人是纵是畏，辜鸿铭是狂是愤？！

只是，他有他的个性，他更有他的心劲儿
与使命。

因缘际会，也就是在襄佐张之洞的时候，
辜鸿铭结识了其生命中另一位重要人物——晚清硕儒沈
曾植。

张之洞做寿，府中大宴宾客。张之洞特意将辜鸿铭引荐给前
来祝寿的沈曾植："沈公可是当代的泰山北斗，名儒大儒，他的
聪明学力无人能及。"此时的辜鸿铭年轻气盛，耳朵里哪听得进
去张香帅的话。跟沈曾植略微寒暄几句之后，辜鸿铭就同一帮文
人聚在一起高谈阔论，大讲西方学说。

谈兴正酣时，他突然发现沈曾植在一旁一言不发，而且面
带不屑之色。辜鸿铭忍不住问道："沈公为什么一言不发呢？"
沈曾植轻描淡写地答道："你说的话，我都懂，但是你要懂我的
话，还需要读二十年中国书！"

这话对辜鸿铭刺激很大，让他记忆尤其深。

他知道自己对中国传统文化的了解还不够，就向张之洞请教。在张之洞的点拨下，辜鸿铭的学识日益精进，四部书、骚赋、诗文，无所不览。

　　二十年后，辜鸿铭再次见到沈曾植，让人把张之洞的藏书一部一部地搬到其面前，沈曾植笑着问道："你这是做什么？"

　　辜鸿铭拱手施礼说："请教沈老前辈，哪一部书老前辈能背的，我不能背；老前辈能懂的，我不懂。"

　　沈曾植说："我知道，你能背能懂。我老了，快离开这个舞台了，你正走上这个舞台。今后，中国文化这个重担子，挑在你的肩上。他人通中学，不通西学；通西学，不通中学，皆非其选也。"

　　辜鸿铭听到此番话后感激涕零，以后有人问他平生最佩服谁，他总说：中国有三个聪明人——周公、纪晓岚、沈曾植。

　　时代的惊涛骇浪，使辜鸿铭不得不以狂放偏执的姿态来做悲情而绝望的守护。因为眼界比同时代的人开阔得多，使得他对于国家的现状了解得更清楚，对文明的思考触及得更深远。

　　他一方面孜孜以求地深究孔孟哲学、精神道义，并将其用英文翻译、写作出来，以让西方人了解并进而尊重中国文化，另一

那些灵魂有香气的男子

方面仍怀着赤心，以怪才之态展现于世。

辜鸿铭生平喜欢痛骂西方人，反以此而见重于西方人，不为别的，就为他骂得鞭辟入里，并总能骂在要穴和命门上。故很多西方人崇信辜鸿铭的学问和智慧，几乎到了痴迷的地步。

当年，辜鸿铭在东交民巷使馆区内的六国饭店用英文讲演 "The Spirit of the Chinese People"（他自译为《春秋大义》）。中国人讲演历来没有售票的先例，他却要售票，而且票价高过"四大名旦"之一的梅兰芳。听梅兰芳的京戏只要一元二角，听辜鸿铭的讲演却要两元，外国人对他的重视由此可见一斑。

遥遥坦途，学贯中西，狂儒旧士，他在西方的领地上锐意进取，又在中国的土地上"大放厥词"，成了有名的怪人。

这怪，大部分来自真，或说痴，如果有上帝，这痴必是上帝的情之所钟，我们常人怎么能不刮目相看呢？


## 傲世怪才，乱世狂儒

拨开云雾见青天。

当辜鸿铭年近六旬，已为深有智慧的老者时，他走进北京大学的校园，成了一名教授。

若说胡适是学者为官，那么辜鸿铭便是仕退从教。那个年代，以学问为武器的文人，注定要成为铮铮名士。

辛亥革命后，蔡元培邀请辜鸿铭到北大讲授英国文学和拉丁文等课程。有人对蔡元培聘请辜鸿铭表示异议，蔡元培直接并坚定地说："我请辜鸿铭，因为他是一位学者、智者和贤者，绝不是一个物议沸腾的怪物，更不是政治上极端保守的保皇派。"

而辜鸿铭对蔡元培也是敬重的，并认为现在中国仅有两个好人，一个是蔡元培，一个就是他自己。他言："我不跟他同进退，中国的好人不就要陷入孤掌难鸣的绝境吗？"

有人问"好人"作何解释，他回答：好人就是有原则！蔡先生点了翰林之后，不肯做官而跑去革命，到现在还革命。我呢？自从跟张之洞做了前清的官，到现在还保皇。这种人什么地方有第三个！

所以，及五四运动之时，蔡元培请辞北大校长一职，辜鸿铭积极挽留，他的理由是：校长是我们学校的皇帝，所以非得挽留不可。

可见，辜鸿铭尊敬的，其实是坚定自己主张到底的人，而他自己一旦选择了认为值得坚守一生的道路，也便至死不改。

辜鸿铭的学问是先西后中、由西而中，辜鸿铭的装束也是先西后中、由西而中。他在回国之后，乃至当幕僚期间都是西装革履，后来便是长袍马褂，头顶瓜皮小帽，足蹬双布鞋，脑后拖着一条黄毛小辫，而且进入民国之后，他也衣冠不异昔时。

周作人这样刻画辜鸿铭：生得一副深眼睛高鼻子的洋人相貌，头上一撮黄头毛，却编成了一条小辫子，冬天穿枣红宁绸的大袖方马褂，上戴瓜皮小帽；不要说在民国十年前后的北京，就是在前清时代，马路上遇见这样一位小城市里的华装教士似的人物，大家也不免要张大了眼睛看得出神吧。尤其妙的是那包车的车夫，不知是从哪里乡下去特地找了来的，或者是徐州

那些灵魂有香气的男子

辫子兵的余留亦未可知，也是一个背拖大辫子的汉子，正同课堂上的主人是好一对，他在红楼的大门外坐在车兜上等着，也不失为车夫队中一个特出的人物。

遥想当年，有这样的一对主仆和一辆洋车来往于北大红楼与椿树胡同，也确实是民国时王府井大街的一道风景，而且这道风景是真实的，不是复制的。

1915年9月，辜鸿铭在北大的开学典礼上发言时，大骂当时的政府和一些社会上的新事物，他说，现在做官的人，都是为了保住他们的饭碗。他们的饭碗，可跟咱们的不同，他们的饭碗大得很，里边可以装汽车、姨太太。又说，现在的人做文章都不通，所用的名词就不通，比如说"改良"二字吧，以前只说"从良"，没有说"改良"的，既然已经是"良"了，你还

要改什么，你要改"良"为"娼"吗？

　　辜鸿铭照旧本性难移，不过学生们倒十分青睐。

　　当他戴着"名片"走进课堂惹来一片哄堂大笑时，他只是平静地说："我的辫子是有形的，你们的辫子是无形的。"并且，每次去上课，他总带一童仆为他装烟倒茶。他坐在靠椅上，辫子拖着，一会儿吸烟，一会儿喝茶。学生着急地等待着他讲课，他却一点也不管，慢慢吞吞。

　　前奏是平静的，后续却真的精彩。

　　辜鸿铭讲课诙谐幽默，讲到得意处，会忽然唱段小曲，或从长袍里掏出几颗花生糖大嚼，令人忍俊不禁。他在课上教学生

那些灵魂有香气的男子

念英文的《千字文》：Dark skies above the yellow earth（天玄地黄）。音调很足，口念足踏，全班合唱，使得学生乐而忘倦，这种独特的教学方法很受学生们的喜欢。

由于二十五岁之后才开始研习中国文化，辜鸿铭授课时写别字，或写的字缺笔少画的事常有发生。他讲《晏子春秋》时，将"晏"写成"宴"。学生指出错误后，他很尴尬，一边纠正一边自语：中国汉字真讨厌，"晏"与"宴"不过把"日"字的部位换一下而已，字义就不同了。英语中就没有这样调皮捣蛋的。有好事的学生马上接口道：英语中也有。比如"god（上帝）"倒过来就成了"dog（狗）"了。辜鸿铭听罢，一笑了之。

辜鸿铭上课时经常"跑题"，信马由缰，针砭时弊，臧否人物。周作人说，他在北大教的是拉丁文等课，不能发挥他的正统思想，他就随时随地想要找机会发泄。

某毕业班的班长请辜鸿铭提供一张照片，贴在毕业簿的同学录中，作为纪念。结果，辜鸿铭火冒三丈道：我不是娼妓者流，何用照片？你们要是不吝惜经费，何不铸一座铜像作为纪念？

然而，先生这般放荡不羁，上课却还是有规矩的。

辜鸿铭曾为学生定下三条规矩：

第一，我进来时，你们要站起来，上完课我先出去，你们才能出去。

第二，我向你们问话或你们向我提问，你们都要站起来。

第三，我指定背的书，你们都要背，背不出来不能坐下。

然而，事情总有难平之境。一次，辜鸿铭问某学生问题，要求该生站起来回答，学生就是不起立，他气得将其驱逐出教室。该生离开后，其余学生皆随之而去。他怒道：礼教果坠地无余！

万般趣事皆风采，还是学生最受用。辜鸿铭在北大执教的时候很得学生爱戴，甚至连胡适也比不上他。

而这位促使第一所孔子学院诞生的守旧派，与新文化的提倡者之间，注定因为对传统文化的不同态度而常有笔墨官司。

1919年8月间，胡适在《每周评论》上发表文章，说辜鸿铭的辫子"立异以为高"，故"久假而不归"。文章刊出后，辜鸿铭极为恼火，要求胡适在报上正式道歉，否则向法院起诉。大半年后，胡适见到辜鸿铭，打趣道："辜先生，你告我的状子进去了没有？"辜鸿铭说："胡先生，我向来看得起你的，可是你那段文章实在写得不好！"

隔了两年，王彦祖在家中宴请法国汉学家戴

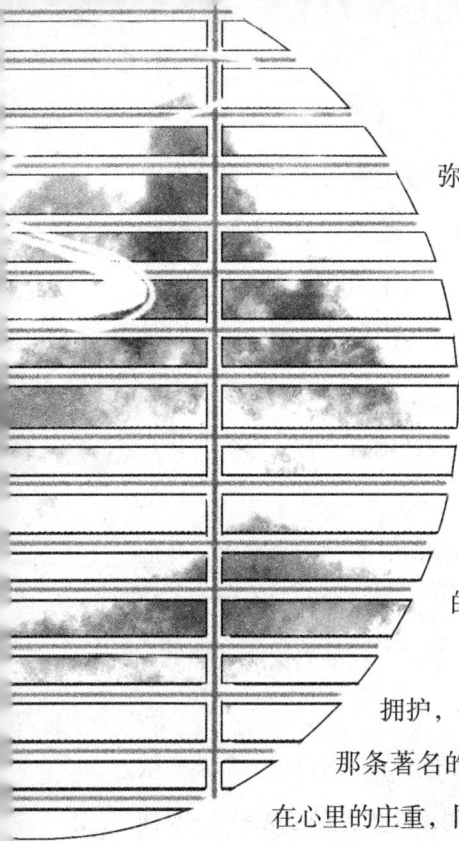

弥微，辜鸿铭、胡适、徐墀等人亦被邀请。入席后，戴弥微的左边是辜鸿铭，右边是徐墀。大家正在喝酒吃菜，辜鸿铭忽然在戴弥微的背上一拍，说道："先生，你可要小心！"戴弥微吓了一跳，问为什么，辜鸿铭答道：

"因为你坐在辜疯子和徐癫子的中间！"

辜鸿铭对中国古代文化极其热爱与拥护，他的东方情结到老也那么浓烈。犹如那条著名的辫子，那是他拖在脑后的顽固，系在心里的庄重，同时，这又何尝不是一种提醒？

显然，辜鸿铭势必要求自己继续发力。

有人宴请辜鸿铭，林纾、严复也在座，他与二人事先并不认识。在闲话之际，辜鸿铭说道："恨不能杀二人以谢天下。"人问："这二人是谁？"辜鸿铭回答："就是严复、林纾。"听到这句话，严复置若罔闻，林纾则有点儿不高兴，便问为何要杀二人。辜鸿铭道："自严复译出《天演论》，国人只知物竞天择，而不知有公理，于是兵连祸结；自从林纾译出《茶花女遗事》，莘莘学子就只知男欢女悦，而不知有礼义，于是人欲横流。"

文明的锁链，已趋之若鹜，盘结而来。他在椿树胡同的家中宴请欧美友人，局促而简陋的小院已够寒酸，照明用的还是煤油灯，昏暗而又烟气呛鼻，而且，这帮欧美友人也不清楚"晋安寄庐"的真实含义。于是，就有人说："煤油灯不如电灯和汽灯明亮。"辜鸿铭直道："我们东方人，讲求明心见性，东方人心明，油灯自亮。东方人不像西方人那样专门看重表面功夫。"辜鸿铭的一番高论，还真把欧美友人给唬住了。

辜鸿铭在西方名气本就极大，又经回国这一番"修炼"，几乎成为中国文化和中华文明的代名词。

1921年，英国名作家毛姆游历中国时，想拜访辜鸿铭，特地托一位英国洋行的同胞代为约见，但几天未见回音。毛姆忙去问所托之人，那人回答说，他写了一张条子，让辜鸿铭前来拜见，不知为什么一直未见他的影子。

毛姆一听，心知此人坏事，忙亲笔拟了一封短信，恭恭敬敬送去，表达仰慕之意，求赐一见，辜鸿铭这才答应与他见面。见面后，辜鸿铭不客气地说："你的同胞以为，中国人不是苦力就是买办，只要一招手，我们非来不可。"毛姆甚为尴尬，无言以对。

此次会面，毛姆被辜鸿铭讽刺嘲弄了一通。临走时，辜鸿铭送给他两首诗，后来毛姆请人翻译，才知道是两首赠给妓女的诗。毛姆哭笑不得。

黄兴涛评：一个奇特的文化保守者。

张中行语：这位怪人最大的贡献就在于，在举世都奔向权和利的时候，他肯站在旁边喊：危险！危险！

旷达自喜，睥睨中外，诚近于狂，能言顾行。

——是他辜鸿铭。

那些灵魂有香气的男子

## 妻妾与小脚之怪女子

男人和女人，就好比茶壶和茶杯，一个茶壶要配几个茶杯，一个茶杯却不能配几个茶壶。

此说影响之广，以至于陆小曼在婚后对徐志摩说："你可不能拿辜老的茶壶比喻来作借口，而去多置茶杯。你要知道，你不是我的茶壶，而是我的牙刷，茶壶可以公用，牙刷可不行。"

不错，辜鸿铭不单留辫子、穿长袍，还为纳妾和缠足进行辩护。

既是怪人，那么自然有趣，他对女性的轻视也往往出之以诙谐。他用拆字法将"妾"字解释为"立女"，妾者靠手也，所以供男人倦时作为手靠。

他曾将此说告诉给两位美国女子，对方立刻反驳他的话道："岂有此理！照你这么说，女子倦时又何尝不可以将男子作为手靠？男子既可多妾多手靠，女子何尝不可以多夫？"

她们甚为得意，以为这样就可以轻易驳倒辜鸿铭，使他理屈词穷。谁知辜鸿铭立刻使出他的撒手锏，这也是他被人传播得最广的一则幽默：

"你们见过一个茶壶配四个茶杯，可曾见过一个茶杯配四个茶壶？"

他还在北京大饭店戏弄一个英国贵妇人。那位贵妇跟他搭讪："听说你一向主张男人可以纳妾，那我们女人也可以招夫婿了？"

辜鸿铭大摇其尖尖的脑瓜，连声否定："不可不可！论情不合，论理不通。于事有悖，于法不容！"

英国贵妇人正要提出质询，他又反问道："夫人代步是用黄包车还是用汽车？"

她回答道："用汽车。"

辜鸿铭于是不慌不忙地说："汽车有四个轮子，府上配有几副打气筒？"

外国人一夫一妻，可依然经常红杏出墙。中国人和大老婆生气了，还有小老婆，所以不会出轨。辜鸿铭由是感叹：中国的婚姻制度真是好啊！

小足之美，美在其臭，食品中其臭豆腐、臭蛋之风味，差堪比拟。

辜鸿铭雅好小脚。

他说，三寸金莲走起路来婀娜多姿，会产生柳腰款摆的媚态，那小足会撩起男人的遐想。

他说，女人的奇绝之处正全在小脚。

他说，小脚女子，特别神秘美妙，讲究瘦、小、尖、弯、香、软、正七字诀。

辜鸿铭的原配夫人淑姑，就是他理想中的妻子：小足、柳腰、细眉、温柔、贤淑。二人感情甚笃，从结婚之日起，辜鸿铭

那些灵魂有香气的男子

就将妻子的小脚视为珍宝。闲暇之时，他脱掉妻子的绣花鞋，把又臭又长的裹脚布一层层解开，低下头，将鼻子凑近，嗅其肉香。作文没灵感时，他总将淑姑唤到书房，让她将瘦如羊蹄的小脚放到身旁的凳子上，右手执笔，左手抚弄着淑姑的小脚，时捏时掐，如同玩佛手。每当此时，他文思泉涌，下笔千言。

世上若说怪人，可能是不少的，但与辜鸿铭有着相同怪癖的，估计寥寥无几，或于此，他可称得上唯一。

在北大执教时，辜鸿铭去一位学生家看藏书，见到前来开门的丫鬟的小脚，顿生兴趣。他本是为看学生所藏宋版书而来，此时心意全乱，匆匆浏览。学生悟出先生是想得到这个丫鬟，于是投其所好，将丫鬟送之。丫鬟行前把小脚洗了又洗。结果人到辜府，老先生如获至宝，赶紧让丫鬟坐到桌子上，脱下鞋子，凑上前准备好好嗅嗅，却大失所望，兴味索然，差人送了回去，并附一信，只书四字：完璧归赵。

康有为就曾送辜鸿铭一幅"知足常乐"的横幅，辜鸿铭见其果真大乐：康有为深知我心。

然而，就是这样一位尤喜小脚、妻妾分明的老先生，曾与印度诗人泰戈尔一起获得了诺贝尔文学奖的提名，他对泰戈尔说："你是诗人，不适合讲东方文化，更不懂《易经》高深的哲理，你还是去写诗吧！宣扬东方文化的精义还是让我来做吧！"

于是，他的确做了，且一直在做。

今人要直观靠近他，首选必是那本《春秋大义》，又名《中国人的精神》。

辜鸿铭说，要真正懂得中国人和中国文明，那个人必须是深沉的、博大的和纯朴的。中国人给人留下的总体印象是温良，那种难以言表的温良。在中国人温良的形象背后，隐藏着他们纯真的赤子之心和成年人的智慧。

辜鸿铭写，中国人过着孩子般的生活——一种心灵的生活。

而这，世间的任何时代，总嫌太少，有时少而至于无……

当一个怪人，或者不是勇敢，只是一种懒惰。

懒于逢迎，并不愿随波逐流；懒于屈服，只本性肆意追求。

叩心生活，全为性情。

是怪，又有许多其他的名字。

那些灵魂有香气的男子

# 王国维

掩卷平生，饱经忧患

**生平**：1877—1927，字静安，浙江海宁人。中国新学术的开拓者，连接中西美学的大家。在教育、哲学、文学、美学、史学等方面均有造诣和创新，代表作有《人间词话》《宋元戏曲史》《观堂集林》等。

**受业**：毕业于杭州崇文学院，留学于日本东京物理学校。

**传道**：徐中舒、蒋君章、戴家祥、周传儒等。

**言语**：教育之事亦风味三部：智育、德育、美育是也。

**品藻**：先生之学说，或有时而可商，惟此独立之精神，自由之思想，历千万祀，与天壤而同久，共三光而永光。

——陈寅恪

这是一位端穆的学者，一位卓越的导师，一个女子的丈夫和几个孩子的父亲。

刚过天命之年的王国维带着四重身份，离开了清华研究院公事房，坐车前往颐和园，他的终点是昆明湖。面对时局淡然自若说"我自有办法"的他，在微澜的湖水前，扑通一声，不见了人。

时值1927年，他的女儿王东明称这一年为王国维人生最暗淡的一年。

他以学术为性命，又为学术而殉命。

他在《人间词话》中留下了最广为人知的三个境界理论：

古今之成大事业、大学问者，必经过三种境界："昨夜西风凋碧树。独上高楼，望尽天涯路。"此第一境界也。"衣带渐宽终不悔，为伊消得人憔悴。"此第二境界也。"众里寻他千百度，蓦然回首，那人却在，灯火阑珊处。"此第三境界也。

后人深解良久，才知这三重境界的含义实为：看山是山，看水是水；看山不是山，看水不是水；看山还是山，看水还是水。

## 生命倒数，自沉湖底

1927年6月1日，是清华大学又一届学生毕业的时间，谁都没有想到，在王国维的设定中，他的生命进入了倒计时。

悄无声息，仿若平常，一如他的字——静安。

这天中午，师生在"工"字厅如期举行告别会。在这样的时刻，师生间不拘形迹，欢笑连连，热闹极了。但学生会负责人姚名达发现，王国维所在的那一桌却寂然无声，姚名达心下微有疑惑："不知先生之有所感而不乐欤？抑是席同学适皆不善辞令欤？"因着欢乐的大气氛，这疑惑很快便在无形中消退了。

宴会即将结束时，梁启超起身致辞，对国学研究院各位毕业生的优异成绩予以表扬与祝贺，并鼓舞道："吾院苟继续努力，必成国学重镇无疑。"大家静静地听着，王国维也不时点头赞同，神情安然。停顿了一会儿，梁启超又说："党军已到郑州，我要赶到天津去，以后我们几时见面，就很难说了！"话毕，闻者皆大惊失色。

王国维正好和卫聚贤坐在一张桌子上，他又想起前几天的话题，于是问卫聚贤："山西怎样？"卫聚贤答："山西很好。"

如今看来，人们或许总想从这位先生不多有的言行中觉察点什么，但当时大概谁都不会注意这一普通的举动。

散会后，王国维与诸位同学一一道别，之后，他随陈寅恪到了南院的陈家，畅谈至傍晚才起身向自己的家中走去。

漫长的谈话，怕是离不开北伐以及何去何从的问题吧。不过，这在王国维一贯冷峻又平静的面庞上，是无论如何也看不出端倪的。

在家中的书房，学生姚名达、朱广福、冯国瑞正在等他。夜幕渐临，三人向王国维提了许多问题，他的回答照例是简洁而精练的。时间在不知不觉中过了一个小时，王家已经将晚餐摆好了，他们起身告辞，王国维像往常一样，将学生送到院子中。

晚饭后，柏生与谢国桢来向王国维请教阴阳五行的起源问题。在谈话的间隙，涉及时局，王国维的神色立刻显出一丝黯然，他劝他们避乱移居。但……再没有下文了，这竟是王国维最后一次和同学们谈话。

世事的发展，好似总该有突击推进的一环。

偏在此时，有人恶作剧地在北京《世界日报》上戏拟了一份北伐军入城之后要处理的一批人的名单，其中就赫然有王国维的名字！而恶作剧者究竟是谁，大概真的不重要了。

该如何应对，他早有打算。

王国维一向认为梁启超的消息是最为灵通的，由梁启超口中说出革命军就要到北京了，这个消息是不会错的。研究院的学生何士骥就曾带了北京大学沈兼士、马衡的口信，请王国维入城暂避，北大的同仁们可以保护他，而且特意提出要请王国维将头上的辫子剪去，但是王国维说：

"我自有办法。"

那晚在书房，王国维批阅完试卷，写好遗书，放在怀里，随后便去安睡了。

第二天，太阳照常升起。

那些灵魂有香气的男子

天色微亮，王国维起床后，夫人潘氏为他仔细梳好发辫并编结起来，服侍他洗漱之后，和当时在家的三子贞明、女儿东明共进早餐。餐毕，他去书房整理了一会儿，随后一人独自出门，往研究院去了。

八时，王国维已身至办公室，习惯性地将桌上扫视一遍，猛然想起批改完的学生成绩本没带，就让院里的听差去家里拿。然后，自己坐下来和同事侯厚培商谈下学期招生的事情。平时少言的他在谈及学术或工作时，话便多些，待话题结束时已过了大概一个小时。

身上从不带钱的王国维，向侯厚培借两元现洋，因没有零钱，侯厚培便给了他一张五元纸币。王国维一向不理财，当时清华给他的薪水是每月四百元，他算是高薪阶层了，不过他每月的薪水由家人到学校为其代领，领回后也由夫人负责用度，只有买书的时候才会向夫人取用。

一切，即从这一刻起了变化。

上午十一点多，陆侃如兴冲冲地和卫聚贤一同去王国维的办公室，找他题签，却发现没人在。见桌上有一杯喝了一半的茶余温尚存，他们认为王国维可能去厕所了，结果等到中午十二点，还不见回来，他们只好退了出来。

此时，桌上那杯茶已经完全凉了。

一个世界安静了，另一个世界开始骚乱起来。

午饭毕，王国维的家人打电话到办公室，问他怎么还没有回

去吃饭。这时候，人们才着急起来，赵万里立即问门口的人是否见过王国维，有一个黄包车车夫说：

"王先生坐车往西走了。"

赵万里立刻又向西追去，卫聚贤也一同赶去。到了颐和园的门口后，门房告知说：

"一位老人跳湖自杀。"

待他们顺着人群的方向走近时，王国维的尸体已经被放在了湖边的亭子下。一位扫亭子的园丁说：

"这位老人，在石船上坐了许久，吸纸烟不停，在湖边，走来走去，我扫地没有留意，听见扑通一声，不见了人。我跑到湖边，见他跳下水去，我也跳下去，抱他上来，已经死了。"

水深不过二尺，但王国维扑下去时，是头先入了水，以致口、鼻都被泥土所塞，虽然园丁很快将王国维救了上来，但因其不懂急救术，王国维还是窒息而亡。此时，他穿在里面的衣服还没有湿呢。

那些灵魂有香气的男子

1927年6月2日，王国维自沉于颐和园的昆明湖中，学界为之震惊！

## 独辟蹊径，并世所稀

梁启超赞他，不独为中国所有而为全世界所有之学人。

郭沫若评他，留给我们的是他知识的产物，那好像一座崔嵬的楼阁，在几千年的旧学城垒上，灿然放出了一段异样的光辉。

胡适说：王国维是一个绝顶聪明的人。

而王国维自己说："生百政治家，不如生一大文学家。"因为政治家只能谋求物质利益，文学家则可创造精神之利益。"夫精神之与物质，二者孰重？物质上利益一时的也，精神上利益永久的也。"

如果说，辜鸿铭自言他的辫子是有形的，那么王国维的辫子也可以说是形式的，他保持着晚清之士风，精神上却不能完全说没有辫子。

一个不很高大的身材，面孔也瘦小，有点龅牙，常穿着当时通行的及法布袍子，罗缎短袖马褂，后面拖了一条短辫子。他的衣式不很时尚，也不很古板，但很整洁。他的近视眼镜是新式的。他也会抽香烟。总之他的物质生活似乎随随便便，绝没有一点遗老或者名流的气味。

徐中舒回忆王国维："先生体质瘦弱，身着不合时宜之朴素衣服，面部苍黄，鼻架玳瑁眼镜，骤视之几若六七十许老人，态度冷静，动作从容，一望而知为修养深厚之大师也。……先生口

操浙江音之普通话，声调虽低而清晰简明可辨。当先生每向黑板上指示殷墟文字时，其脑后所垂纤细之辫发，完全映于吾人视线之前，令人感不可磨灭之印象焉。"

就是这样一位先生，不知底细的人单看衣饰相貌，很可能判断错误，把他当作乡下佬，但清华园内无人不晓这一道独特的风景。

一次，日本学者桥川时雄前来拜访王国维，行至清华园门口，留着辫子的门房问桥川找谁，当被告知后，门房立刻很恭敬地对他说："你真了不起！"桥川很是奇怪，问为什么，门房答："拜访那位留辫子的先生的人，都很了不起！"

读经书、考秀才、中进士，经世致用，光宗耀祖。

这是父亲王乃誉对王国维的培养计划。而这位开放的学人，在他一生的读书历程中，成就的可不仅仅是不负父望。

他精通英文、日文，能够阅读德文版哲学原著，是中国学人研究康德、叔本华、尼采等现代西哲的先驱；所著《人间词话》《宋元戏曲史》《红楼梦评论》，文学界至今仍奉为经典名著；

那些灵魂有香气的男子

而他的甲骨学、"古史新证"、文字音韵训诂之学和古器物学研究成果，更是当代史坛无法逾越的学术空间——从知识结构上论，王国维真正做到了化合中西，贯通今古。

他在《〈国学丛刊〉序》中提出，学无新旧也，无中西也，无有用无用也。

王国维早年专心学习外文，在初读康德《纯粹理性批判》时，他感慨，哲学的海洋深不可测。而在这之后，他潜心苦读，竟用西方哲学思想对《红楼梦》中的人物进行性格分析。他按照叔本华的哲学去解读《红楼梦》，认为它是彻头彻尾的悲剧。

他这样解释：《红楼梦》为解脱之书，其中的"玉"即欲。在《红楼梦评论》开头，他用三分之一的篇幅大谈人欲，最后将整个故事看作是宝玉出世还玉（欲）的过程：

> 所谓"玉"者，不过生活之欲之代表而已矣。
>
> 生活之本质何？"欲"而已矣……此可知生活之欲之先人生而存在，而人生不过此欲之发现也。此可知吾人之堕落由吾人之所欲而意志自由之罪恶也。夫顽钝者既不幸而为此石矣，又幸而不见用，则何不游于广莫之野，无何有之乡，以自适其适，而必欲入此忧患劳苦之世界？不可谓非此石之大误也。由此一念之误，而遂造出十九年之历史与百二十回之事实……而解脱之道，存于出世，而不存于自杀。

照此理论，"宝玉"似乎当谐音"饱欲"，"黛玉"当谐音"待欲"。

游走于哲学的宏伟大道，王国维看深了其间的真理与谬误，他不愿做一个搜集、整理材料的二流学者，希望自创一新哲学，所以以哲学为基底，先后将文学、诗歌、戏曲、美学与之融合进行探索，孜孜以求，著作卓成。

哲学上说，大部分可爱者不可信，可信者不可爱。

而王国维是做了可爱又可信之人。

他试图从学术问题入手借以揭示出人生的目的与意义——无意识的学习与有意识的学术追求，在他这里开拓性地结合了起来；传统的学术研究与科学的考据方法，在他这里创造性地贯通了起来。他将"学无新旧""二重证据法""中西化合"等方法摆到世界眼前，充实了中国现代学术思想的构建，推动了民族文化的发展。

对于王国维这位一生的挚友，罗振玉说，博学强识，并世所稀，品行峻洁，如芳兰贞石，令人久敬不衰。

对其研究方法，他也有评价：先生的学问，是用文字、声音，考古代的制度、文物和他自己所创立的方法而成功的，他的方法由博反约，由疑得信，做到不悖不惑，刚刚适可而止。

王国维一生都在实践着这些方法，尤其到了晚期的史地、甲骨、敦煌学研究中，尤为成熟。

当他从日本留学回国旅居上海时，开始对甲骨文进行独立的研究。

研学的敏锐，让王国维时有收获。1913年，他发现了早在九年前孙诒让即已写成的《契文举例》，做了考证并予以出版。彼时，上海收藏甲骨文资料较多的英籍犹太人、大资本家哈同，为讨好其夫人，不仅搜购了很多甲骨文，而且还在他的哈同花园中兴办了一所仓圣明智大学。为了更好地研究甲骨文，王国维便到该校任教。1917年，他以哈同花园大总管姬觉弥的名义，刊印了《戬寿堂所藏殷虚文字》一书，并在书中将罗振玉搜集的甲骨文资料拓印，同时对每片的卜辞做了考释。

王国维对甲骨文的考释，使《史记·殷本纪》所传的商代王统得到了物证，证明司马迁是一个严肃的历史学家，也就纠正和澄清了自司马迁以来两千多年的一些混乱认识。他还根据甲骨文资料将《史记·殷本纪》中记载的讹误一一加以订正。

郭沫若言："卜辞的研究，要感谢王国维。……我们要说，殷虚的发现，是新史学的开端；王国维的业绩，是新史学的开山，那是丝毫也不算过分的。"

人的精神每天都是从朝气落到暮气的，所以上午宜读经典考

据书，午后宜读史传，晚间读诗词杂记等软性的东西。

王国维这样认为，且在日常生活中，他亦是如此自守的。

他处处严谨自持，不营生计，不图享受，潜心研究学问。他虽盛名满天下，却心无旁骛，专心向学，甘于清贫。1925年，他受清华之聘到国学院任导师，清华本希望他出任国学院院长，但王国维坚辞不就，因为他认为出任院长后必须管理院中大小事务，要为行政事务分心，令人不能专心治学。故此后国学院院长由吴宓以办公室主任的名义兼理。

不单是读书、治学，王国维颇有自己的一套，他写书的方法也是三字成经——博、专、细。

一天，徐森玉去王国维家，见他正在写《宋元戏曲史》。桌上、书架上摆的都是有关这部书的资料，其中还有一部分是从日本收来的善本。二人聊天时，他总把话头引到这部书上来，听取徐森玉的意见。这时，另一位朋友来看他，他还是用此法谈话。有时候提出问题和两位同道研究，如有相反意见，则展开辩论，最后得出结论，他都记在笔记里。

隔了一段时间，徐森玉再到他家，问起《宋元戏曲史》的情

况，王国维说："已看过校样，静等看最后的清样。"这时，他的书房里，桌上、架上、凳子上有关那本书的资料，全部收起，换为下一本书的资料，谈论的话题也变了。

日日为勤，夜夜嗜读，他的确不失为一位专注的学者。

一次，清华开茶话会，王国维为学生们朗诵辛弃疾的《摸鱼儿》《贺新郎》助兴。这两首词脍炙人口，但王国维仓促诵之，皆有遗脱。

徐中舒说：以此知先生不善强记，其谨严精深之学，殆皆由专一与勤苦得来。

王国维叹曰："天才者，或数十年而一出，或数百年而一出，而又须济之以学问，帅之以德性，始能产生真正之大文学，此屈子、渊明、子美、子瞻等所以旷世而不一遇也。"

张慧剑说："中国有三大天才皆死于水，此三人者，各可代表一千年之中国文艺史——第一千年为屈原，第二千年为李白，第三千年为王国维。"

## 遗韵绝响，弥久犹芳

掩卷平生有百端，饱更忧患转冥顽。

偶听鹈鴂怨春残，坐觉亡何消白日。

更缘随例弄丹铅，闲愁无分况清欢。

王国维的这首《浣溪沙》，道尽了他个人的端穆性情。

他因自小的"寡言笑"而终生埋头治学，又因哲学发端而始终清醒自立。他自陈："余之性质，欲为哲学家则感情苦多而知为苦寡，欲为诗人则又苦感情寡而理性多。"

王国维有道德洁癖，他总是将文章与人格相联系。

三代以下之诗人，无过于屈子、渊明、子美、子瞻者。此四子若无文学之天才，其人格亦自足千古。无高尚伟大之人格，而有高尚伟大之文章者，殆未之有也。

在他的眼里，楷模皆为万古称颂的人物，所以不免自视极高，向来以天才居之。他三十岁以后致力于文学以及学问著述，著《人间词话》，并且填写了不少词，谓之："余之于词，虽所作尚不及百阕，然自南宋以后，除一二人外，尚未有能及余者，则平日之所自信也。"

他坦然地说自己愚暗："对于《尚书》大约有十分之五还读不懂，对于《诗经》也有十分之一二读不懂。"学生听罢，大为震动。

也许由于他自命甚高，所以朋友很少。不过这和他天生的僻冷正契合，令他更加专注于学问研究。

他与人交往，除了谈学问或正事，很少闲聊，更不会对人讲应酬话。

有人请他鉴定一件古铜器，他看后，若是假的，就会说"靠不住的"，而无论请他看的人再怎么说这个古器色泽如何古雅，青绿得如何莹彻，文字如何精致，什么书上有类似的著录……他对这些参考信息都置若罔闻，有时推不却对方盛意再看一眼，他

那些灵魂有香气的男子

看了以后，依然会说："靠不住的。"

不附和，也不驳难，简洁而精练，亦可谓惜字如金。

日本人本田成之读谭献的著作，问王国维对其有何看法，王国维就直言："他是个疯子，不过遣词巧妙。"

接着本田又问关于给词断句，《万氏词律》如何，他说："那种东西不行。"

本田再问什么是好的，王国维说："对中国人来说，这类规则性的东西没有也罢。"

他总是保持一贯的端重，但遇到学术的问题，便会破例多言一两句，而态度照旧是严肃的。

日本汉学家青木正儿对王国维说，他打算研究明以后的戏曲，因为元代以前的已经有王国维的大作了。王国维听罢，谦称："我的著作没什么意思。"接着又生硬地说，"可是明以后的戏曲没有味道。元曲是活的，明以后的戏曲，死去了。"

王国维：掩卷平生，饱经忧患

如此一位先生，在外人眼里，多是距离的代名词。

不过，在他交际圈内的几位同事如陈寅恪、吴宓及学生们，对这样的王国维就毫无嫌隙、揶揄，全然是敬畏的。就连北大校长蔡元培每每有求于他时，都得想法子变通才行。

蔡元培想请王国维到北大任教，但王国维忠于清廷，认为不能为民国做事，五次拒绝。无奈之下，蔡元培想了个变通的办法，请他做通信导师，虽为北大学生讲课，但名义上不是北大的教师。指导半年后，蔡元培令人送去两百元的工资，王国维拒不接受，因为他觉得虽为北大做事，但毕竟未受聘于北大，就不能拿工资。最后又由北大研究生国学门主任沈兼士出主意，说北大正筹办《国学季刊》，需要王国维指导之处甚多，王国维这才收下了这笔款项。

鼎鼎大名的蔡校长在王国维这里遭到的拒绝可是不少，但有了第一次，往后应对起来自然便娴熟多了。

北大邀请王国维到校参观，为显示对他的尊重而预先布置，夹道欢迎以示隆重气氛。王国维又是一口回绝，理由是欢迎者有各式人等，中间免不了有道不相同话不投机者，他王国维不能接受他们的欢迎。蔡元培听罢一笑了之，随即把欢迎仪式改成茶话会，并只邀请与王国维有共同研究兴趣的教授们参加。

王国维性格淡泊，不喜欢与人交游，在清华时除了讲书授课以外，一般不主动跟学生谈话，从来都是上完课就走，径直回到自己的西院住所，钻进自己的书房研究学术。但是如果有学生登门拜访或致函，不管是求教还是辩论，他总是仔细接待，不分老幼尊卑，对于讨论的话题知无不言，言无不尽。当时甚至有东南大学的学生特意赴京求教，就住在王国维家里。在他看来，学术为天下之公器，不应该有门户之见，所以不管是不是自己门下的弟子，即使自己治学很忙，他都有问必答。在他执教清华的两年中，不知有多少学子受了他的恩泽。

北大的学生储皖峰、何子星等人前往王国维处问学。对于金石学、小学、学术史、文学史的问题，王国维均一一解答。何子星提到李邕书叶国重碑，据所见本：一为"江夏李邕撰书"，一为"括州李邕文并书"，不知孰真孰伪。

王国维沉思片刻，答："不甚清楚。"

储皖峰说："即此可见先生研究态度的忠实。"

女儿王东明回忆说：先父生性内向耿介，待人诚信不贰，甚至被人利用，亦不质疑。在他眼中，似乎没有坏人。因此对朋友、对初入仕途所侍奉的长官和元首，一经投入，终生不渝。他不是政治家，更非政客。他所效忠的只是他心中的偶像。

关乎学术，他总是那般热情与忠实，但除此之外，他便又是"难得一见"的先生，所以，每遇有他出场的宴会，人群中总有他的"特别观众"。

一次，清华教职员在"工"字厅聚餐，毕树棠当时正夹起一块海参往嘴里送，忽然听到邻座某君喊道："看！王国维！"他筷中所夹海参顿时滑落在地，随之看到校长曹云祥对面坐着一位清瘦而微须的四十多岁老头儿，红顶小帽，青马褂，身后垂着小辫子和玄色扎腰，谦恭而谨静地坐在那里。满室的人都在喧闹笑谈，似乎唯有他是安静沉默的，除偶尔动一动筷子，他什么都不甚理会。曹云祥的态度倒很周到，话很多，每一句话必问到老先生。但王国维只是微笑、点头，没有太多回答。饭后，照例有余兴，但早已不见了王国维的身影。

毕树棠回忆王国维：他的态度老是那么沉静而枯独，却又含着和蔼，每当夕阳衔山的时候，常见他在西院大路上散步，相遇必点头微笑，缓慢而去，总是那么淡淡的，而和他朋友见面时，又往往好问时事，却又不大看报纸，似乎是模模糊糊的，教人瞧不透。

毕树棠说他很少见王国维笑，只记得一次他曾经笑过。那是一家的晚饭席上，王国维亦在座，还是老样子，只是呆坐，没话，只吃菜，不喝酒。席间毕树棠与他人的一番对话，竟然逗得王国维笑出声来。

这难得的一笑啊，定格在这位素来严肃冷峻的大师脸上，不

能不说是一个罕见而特别的瞬间。

王国维每天在书房看书、著述，对于家务，不闻不问。他埋头读书，家里人也不去打搅他，大家各安其事。

他不善书，没有所请，一概拒绝。常有人闻名而来，但王国维总是答得干脆："这是应酬，我没工夫。"

只有一次，是因为王夫人的援手，才得了先生的宝字。

他的近邻想请他写一幅小屏，怕被拒绝，故先找到王夫人，王夫人说："你把格子打好，交给我，我逼他写就是。"王国维这才同意了。

不合他兴趣的事，都是应酬；若合了他的兴趣，这位冷面先生身上所满载的慷慨盛情，言语间流溢的情真意切倒是真的令人感动。

同为国学大将的姜亮夫填了一首词，想请王国维帮自己看一看。他晚上七点半到王国维家，王国维看了之后说："你过去想做诗人，你这个人理性东西多，感情少，词是复杂情感的产物，这首词还可以。"

王国维便帮他修改，一改就是近两个小时。在他改词的时候，姜亮夫顺手翻看两本书，其中一本是德文版《资本论》，他

看见书中用好几种颜色的笔做了记号。王国维看了看姜亮夫说："此书是十多年前读德国人作品时读的。"

姜亮夫当时感到先生不仅学问广博，思想也非常先进。晚上九点多，词改好后，姜亮夫告辞，王国维要家人打着灯笼跟他一起送行，一直送到清华大礼堂后面的流水桥，并等其过桥后才回去。他对姜亮夫说："你的眼睛太坏，过了桥，路便好走了。"

闻此语，姜亮夫几乎落泪，此后一生难忘。

王国维，他以学术为性命，又以学术融了他的性情。

他一生中，可能没有娱乐这两个字。

彼时，收音机尚不普遍，北京虽有广播，但顶多有一个小盒子样的矿石收音机，戴耳机听听就算不错了。

他对中国戏曲曾有过很深的研究，却从来没有去看过戏。

他很少出游，在清华国学研究院，只有一次和同事共游过西山，骑驴上山，玩得很高兴。

他不会画画，小孩子缠着要他画人，他只会一个策杖老人或一叶扁舟。他也会亲自教孩子读《孟子》《论语》，讲解或听孩子背诵时从不看书本，讲解也不是逐字逐句地讲，讲完了，问一句懂不懂，孩子点点头，这一天的功课就算好了。

他在学术之外的生命并不丰富，好似寥寥几笔就能够概括完，但他对孩子，则有格外的耐心和慈爱。

王国维在上海居住时，家中时常有日本客人。孩子们当时都还小，很是淘气。因受父亲的熏染，他们知道日本人喜欢乌龟，就趁着日本客人不注意，悄悄在其背后的衣服上用白色的石膏粉

那些灵魂有香气的男子

印上小乌龟图案，然后躲在一边调皮地笑个不停。这情景王国维见了并不责怪。等到孩子们成年后才知道，他们开玩笑的对象，不是一般的人物，而是学术研究上和王国维有密切联系的日本学者，如铃木虎雄、神田喜一郎等。

他很疼爱孩子。孩子们小的时候，他一闲下来就抱着孩子，一个大了，接着抱另一个。到清华任教时，最小的六儿子已六七岁了。没有孩子可抱，王国维就养了一只狮子猫。有空坐下时，总是呼一声猫咪，它就跳到他的膝盖上，任王国维用手抚弄它的长毛，在他膝上打起呼噜来。

不过，孩子们还是爱到有父亲在的前院去玩。有时声音太大了，夫人怕他们吵到王国维，就拿着一把尺子欲将他们赶回到后院去。他们却躲在父亲背后，而疼爱子女的王国维则一手持卷继续阅读，一手护着他们满屋子转，让夫人啼笑皆非。

他的身份多，"分身"也多。素来珍惜亲情的王国维，还有着天性上的忧郁悲观。他自己也说："体素羸弱，性复忧郁，人生之问题日往复于吾前。自是始决定从事于哲学。"

原来，王国维的家庭成员多为非正常死亡，死亡的阴影一直笼罩着他。1907年7月，发妻莫氏因生产双胞胎女儿病危，王国维从北京回到家乡海宁，延请名医救治，十几天后，年仅三十岁的发妻离开人世。1905年至1908年间，王国维的人生不断遭遇重大变故，父亲、妻子、继母相继去世，他便不断地由北京返回家乡参加葬礼，其中辛酸、悲痛，自不待言。

1908年，在岳母莫太夫人的主持下，王国维续娶潘氏为继室，可噩运再度降临在他的头上。1921年之后的五年里，不仅他的两个女儿、一对孙女先后夭折，他的长子也因伤寒病逝。

无数的丧亲之痛，盘踞在王国维的生命之上。

他一向崇尚叔本华，而在此时与之共鸣的唯意志论与悲观主义，更是让王国维坠入了悲观主义的深渊。

"伟大之形而上学，高严之伦理学，与纯粹之美学，此吾之所酷嗜也。然求其可信者，则宁在知识论上之实证论，伦理上之快乐论，与美学上之经验论。"

当他感发着这些熟悉而清醒的心绪时，他如何想得到命运对他是如此残酷？

他因而常是长久枯坐，又总是默默不言。

除了学问，他说得什么？又有什么值得可言？

大概只留得后人揣度了……

所以，梁启超言：静安先生平时对时局悲观，看得很深刻，他的性格很复杂，而且可以说很矛盾……他对于社会，因为有冷静的头脑，所以能看得清楚；有和平的脾气，所以不能采取激烈的对抗；有浓厚的情感，所以常常发生莫名的悲愤。积日既久，只有自杀一途。

他又言：若说起王先生在学问上的贡献，那是不为中国所有而是全世界的。

王国维在《人间词话》中曾经写道："社会上之习惯，杀许多之善人。文学上之习惯，杀许多之天才。"

伴随着一封外书"西院十八号王贞明先生收启"的遗书的面

世，王国维永远地辞别了在他的词中曾反反复复出现和咏叹着的
人间：

五十之年，只欠一死。经此世变，义无再辱。我死后当草
草棺殓，即行藁葬于清华茔地。汝等不能南归，亦可暂于城内居
住。汝兄亦不必奔丧。因道路不通，渠又不曾出门故也。书籍可
托陈、吴二先生处理。家人自有人料理，必不至不能南归。我虽
无财产分文遗汝等，然苟谨慎勤俭，亦不必至饿死也。

当钉子叮叮当当钉死了灵柩的盖子后，这清醒而又悲愤的人
间故事，再惊扰不到他的安魂。

是日，傍晚约七八点钟，研究院同仁及学生们执着素灯，将
王国维的灵柩移到校南成府之刚果庙停灵。停放既妥，即设祭。
面对王国维的遗体，当其他人都行鞠躬礼时，陈寅恪却行旧式的
跪拜礼，吴宓、研究院的同学们也纷纷效仿。

他的墓地，落在清华园一处麦陇中的稍高处，圹深六七尺，
宽只有三四尺，长约丈余，棺材放入穴中后，上面盖了石板，然
后填土成坟——一代学术大师，永远长眠于地下了。

同月17日，旅京同乡旧友，假座于北京下斜街全浙会馆，为
王国维举行了悼念大会。

19日，罗振玉又在天津日租界公会堂，为王国维举行了另一
次追悼会，参与者也非常之多。

25日，日本友人狩野直喜、内藤虎次郎、铃木虎雄等人，在
京都的袋中庵，招僧读经，为王国维再开了一次追悼会。

当世人惋惜这位不善交往的国学先生时，却避不开一份极其冗长的吊客名单，从中或可窥见王国维在学界的影响……

鲁迅说：要谈国学，他才可以算一个研究国学的人物。

梁启超这样评价：此公治学方法，极新极密，今年仅五十一岁，若再延十年，为中国学界发明，当不可限量。

好友陈寅恪为王国维写下墓志铭：

先生之著述，或有时而不章；先生之学说，或有时而可商，惟此独立之精神，自由之思想，历千万祀，与天壤而同久，共三光而永光。

# 吴宓

**理想使者，红学先驱**

**生平**：1894—1978，字雨僧，陕西省泾阳县人。清华大学国学院创办人之一，中国比较文学的先驱者，中国红学的拓荒者之一。著有《文学与人生》，留有《吴宓日记》等。

**受业**：先后就读于清华大学、美国弗吉尼亚大学、哈佛大学。

**传道**：钱锺书、曹禺、李健吾、季羡林、李赋宁、何兆武等。

**言语**：一个有道德的人应该随时随地想到如何给别人以便利而不给别人添麻烦。

**品藻**：他自认是一名热诚的人文主义者和古典主义者，但他的气质是彻头彻尾的浪漫主义者。他的纯真和诚恳，任何人都看得清清楚楚，唯独他自己看不到。

——温源宁

吴宓活了八十四岁高龄，这殊非易事，亦非幸事。他晚年的经历再次印证了庄子"寿多则辱"的论断，这无疑是莫大的悲哀。他将自己的一生分为三个二十八年：

第一个二十八年（1894—1921）：他过得十分惬意，考上清华留美预备班，远涉重洋，拿到哈佛大学比较文学硕士学位，可说，学有所成；

第二个二十八年（1921—1949）：他比堂吉诃德更忙碌，也比堂吉诃德更烦恼，担任清华国学研究院主任，总理《学衡》，主编《大公报》文学副刊，是中国20世纪比较文学的奠基人，可说，事业有成；

第三个二十八年（1949—1978）：1949年年初，他曾将这个预测告诉一位友人，友人问：那你的第三个二十八年将在什么样的环境中度过？他答曰：尚欠明朗，尚难定夺。事实确然证明，他的晚景异常凄凉，正如他向来自比的古希腊悲剧英雄。

他是一个水晶球，极其透明，却又是一个矛盾体，处处自相冲突。比如说他严肃、古板，却又崇尚浪漫，这就会产生不可思议的喜剧效果，同时染上不可收拾的悲剧色彩。尤其他的婚恋，更是一个破绽百出的脚本……

## 相貌奇绝，唯独爱骡

吴宓，举世无双，见过一次，永生难忘。

有些人需要别人介绍一百次，到了第一百零一次，还有必要再经介绍。他们的面貌太平常，没有一点特色，"什么"也没

那些灵魂有香气的男子

有，只是一副张三李四都可能有的平常相貌。

吴宓的面孔堪称得天独厚：奇绝得有如一幅漫画。他的脑袋形似一枚炸弹，且使人觉得行将爆发一般。瘦削的面庞，有些苍白、憔悴；胡须时有进出毛孔欲蔓延全脸之势，但每天清晨总是被规规矩矩地剃得干干净净。粗犷的面部，颧骨高耸，两颊深陷，一双眼睛好似烧亮的炭火，灼灼逼人。——所有这一切又都安放在一个过长的脖颈上。他的身躯干瘦，像根钢条那样健壮，坚硬得难以伸缩。

实然是一个奇特的人。

唐振常写道，凡是见过吴雨僧先生的人，总难忘他那踽踽独行、喃喃自语之状。他一个人低着头走，不看前面的道路，不看左右周围的人群，唯喃喃自语，一似重有忧者。

有人爱马，有人爱狗，有人爱猫，吴宓独爱骡。

1899年，时年六岁的吴宓已然在一个极为特殊的爱好中获得了至大乐趣：喜欢自家的骡子。吴家养有两匹驾车、拉碾磨的骡子，一牝一牡。红色的骡小姐，温和顺从，青栗色的骡小伙儿，刚劲有力。吴宓开始与家中的骡马戏狎，注意其性动作。他幼年时的男女性知识，多得之于骡马。他曾突发奇想，若自己变身为骡是为何状。于是，他在家中碾磨房里，扮作骡子，俯伏在地，让仆童拿来骡子驾车时用的鞍勒羁衔，给他披挂在身。当骡项圈挂到肩上时，太大的项圈，可使他全身从中通过。

年少时，作为一个孩子，他的感情至为真挚。可不想，因着这个特殊的爱好保持如一，这真挚竟也始终浓烈。常人是很难想象的，更别说感同身受了。

1905年10月中旬，吴宓乘姨母家纯黑色骡小姐所驾的车赴西安。这次西安之行，姨母家黑色的骡小姐让吴宓难忘不舍，思念和怜悯之情一纸开来：

此骡亦美女子身，今日为载送我来此，行如是之速，路如是之远，乃不赏其功劳，不速给饮食、休息，而痛施鞭打，骡诚冤且苦矣！我未能救护、抚慰，对骡实惭感交并。我中夜醒，不知骡在彼店亦能安息否？不受一群客骡之欺凌、亵扰否？……

过后，宓恒念及此骡。

自此，骡小姐不但是他日记中常出现的主角，而且还常常引发其思考。

骡一般不能生殖，可吴宓对此亦有对知识的探求精神。一天，已经懂事的他问叔父仲旗公："骡何以不能传种？"回答："因生殖器不完全。"多年以后，吴宓在亚里士多德的著作中得到了关于骡不能生育的另一种解释：由于牡骡的精液过冷。

设想当时的情景，他该是如一个解开弥久疑团的智慧小童一般，乐得跳起来吧。

吴宓对骡小姐的日常生活关怀备至，观察入微。每次出行时，驾车的骡小姐的颜色和性情、途中的遭遇等均一并印入他的脑海，直到晚年他都能记起。甚至连骡小姐遗尿的姿势、角度、时间、频数（冬夏之别）、地点，以及身在闹市、众人之中，畏人窥看的含羞程度，吴宓都观察得十分清楚，并一一记录。

细节之处，颇见情真。

那些灵魂有香气的男子

吴宓来北京后，最爱的依然是家乡的骡小姐，他对那骡小姐的赞词是"美""甚美""极美"。在北京清华学校读书时，他认为北京驾车的骡子，皆身形丑怪，尾骨不耸，臀部肌肉不丰满，毛色不美，远不及他家乡的骡小姐可爱。

　　年深日久，吴宓对骡小姐的喜欢渐次加深，这仿若是他心里独建的一座小屋，只供自己玩悦，无须又无法分享。于是他的记录由日记、文章转移到诗作当中。

　　1950年，他作《悯骡诗》，称之为《骡史》，其中四首，是专为他所爱的骡而作，名为《某骡（黑而牝，最美）之自传》。

　　吴宓为自己十七岁那年遇到的黑色骡小姐，写下的是《美骡传记》。他对那美骡之动作及情态印象很深，感觉甚美。他的五首七律中的两首，内容分别是写这位正值妙龄的骡小姐的大小便，诗云：

　　已过长衢土辙安，汗流身热胃肠干。
　　渐抟玉液成浓块，更炼金丹作巨丸。
　　节节竹环蛇出洞，高高金座珠堆盘。
　　频看尾举连排泄，妙龄食量可惊叹。

　　出城骈列暂盘桓，肃立风从尿始湍。
　　蹲股不胜羞欲掩，开关乍见射成澜。
　　微闻芗泽无声响，累皱红巾畏客看。

躯体松舒诸事办，长途奋进敢辞殚。

相貌奇绝，癖好又怪，吴宓就是这样一位惊世之人。


## 克己守时，谨守师道

他常穿一件灰布长袍，戴一顶土棉纱睡帽，一手拎布包，一手拄手杖，走上讲台。

打扮虽然古板，吴宓讲的却是纯英文诗歌，而且开讲时，笔记或随身带的纸片静置一旁，无须参看，所讲内容脱口而出，一气呵成。待讲到得意之时，便拿起手杖，随着诗的节律，一轻一重地敲击着地面，颇具吸引力。

当吴宓的第二个二十八年开启之时，留学生涯的卓越，让他一回国即当上教授，辗转东南大学、清华大学等校开课讲学。虽然仍有学生说"吴先生是我生平所见最为稀奇古怪的一个人"，但此后的吴宓确真在进行着他自己的师道。

吴宓教授从走上讲台那一天开始，就以备课认真著称。他在东南大学任教三年，讲授欧洲文学史等课程，一时声名鹊起，学生们交口称赞。1923年，清华学生对当时给他们讲授英国文学的美籍教师十分不满，向学校反映，学校即派学生代表梁实秋去兄弟院校调研外国文学教学的情况。听完吴宓的课后，梁实秋在《清华周刊》上发表文章述及吴宓的授课情形：预先写大纲于黑板，待到开讲，则不看书本、笔记，滔滔不绝，井井有条。文章最后感慨道：吴先生亦是清华毕业游美同学，而母校未能罗致其来此，宁非憾事哉！

或许就是这个缘故，不久后，吴宓走进了清华园，并创下了他一生最为自豪也最为人们所铭记的功绩——筹办清华国学研究院。

他入主国学研究院后，聘请了王国维、梁启超、陈寅恪和赵元任四个国内一流的学者，时人称"四大导师"。其中，吴宓去延请王国维时，在登门之前，对其生活、思想、习性专门做了调查研究，到了王国维住所后，二话不说，便毕恭毕敬地顿首三鞠躬，然后才起身落座，表明来意，令王国维大为惊异感动。王国维本以为来者必西服革履，不想却是长衫，言谈又严辞谨语、诚意备至，于是决心受聘。

他的清华时代十分闪耀。

每天早上七点半，吴宓准时来到教室，开始在黑板上书写讲义。待到学生八点到齐时，讲义已写了满满一黑板，详细至极，参考书、著者、出版社、出版年代等都清晰入列。学生们好奇，上前偷偷观察，发现他并不是抄写，而是完全凭记忆，一时佩服得五体投地。

他的考试方法也很独特，每每都有一道题目要求学生默写出自己能背诵的最长的一首诗或评一篇文学专著。有同学向他请教如何学好古典文学，他信口作答：多读、多背、多用。

台上的先生，认真、负责、一丝不苟，"上课像划船的奴隶那样卖劲"。而作为他的学生，钱锺书、曹禺、吕叔湘、李赋宁……可真是要抓紧这样的机会好好受教一番了。

作为一般意义上的教师，吴宓无可挑剔，唯一的缺憾是少了一点启迪灵感的魅力。

温源宁在《吴宓先生》中说：

作为老师，除了缺乏感染力之处，吴先生可说是十全十美。他严守时刻，像一座钟，讲课勤勤恳恳，像个苦力。

别人有所引证，总是打开书本念原文，他呢，不管引文多么长，老是背诵。无论讲解什么问题，他跟练兵中士一样，讲得有条有理，第一点这样，第二点那样。枯燥，间或有之，但绝非不得要领。

有些老师无所不谈，却不发任何议论，吴先生则直抒己见，言之有物；也可能说错了，然而，至少并非虚夸。他概不模棱两可，总是斩钉截铁。换句话说，他不怕直言对自己有什么牵累。

在事实根据方面，尤其是见于各种百科全书和参考书的事实，他是无可指摘的，只在解释和鉴赏的问题上你还可以跟他争论。

他永远昂首挺胸，脊背笔直，看上去仿佛就是尊严本身。

他以身为学者而自豪，朋友们也都认为他是一位了不起的君

那些灵魂有香气的男子

子而为之骄傲。

学生李赋宁回忆吴宓："先生写汉字，从不写简笔字，字体总是正楷，端庄方正，一丝不苟。这种严谨的学风熏陶了我，使我终生受益匪浅。"

他的字也形如其人。

吴宓给学生批改作业，字迹工整，写下的外文字母及数字，笔画粗细，好像印刷的一样整齐。他对学生要求也极为严格，新学期注册，对写得很潦草的学生拒签。

茅以升之女茅于美也说："先生不善料理家务琐事。但他给我们修改文章时，常用毛笔蘸红墨水书写，字迹工整。涂改一字，必涂得四方满格，免被误认。"

吴宓对自己严苛，亦章法有理。

他改正自己写错的字时，总是把错字整个涂成长方形，四角齐整，一点儿痕迹也不露，然后把改正的字规规矩矩写在旁边，使看的人绝对不会感到混淆而导致误会。无论书写文章、讲义、信札，不论汉字英文都是工工整整的楷书。写时精神完全集中而速度很快。

书写信封时，地址、姓名全用整齐清晰的楷书，从较大的字体到较小的字体，连两词三词的间隔都似经考虑留适当的空，外文字母及数字排列，笔画粗细好似刻印。他说一封信往往要经过

长途跋涉，多少邮工收、检、转、送付出辛劳，如果信封上字迹不清楚或字体不规范，就是给他们制造麻烦与苦恼。

一个有道德的人应该随时随地想到如何给别人以便利而不给别人添麻烦。把邮票贴到盖邮戳最顺手的地方，不是远比贴在背后教人翻转寻找为好吗？门牌号码中一个潦草数目字就可能使得投递人来回跑很长的路……

原来认真的背后，是道德力量的支撑啊。

到南岳时，教授宿舍紧张，吴宓只能与沈有鼎、闻一多、钱穆同住一室。

吴宓不喜欢沈有鼎，认为他不讲卫生，又自私。沈有鼎看到吴宓等室友勤奋用功，喃喃自语道："如此良夜，尽可闲谈，各自埋头，所为何来？"

吴宓闻此言，肃然对其指责道："汝喜闲谈，不妨去别室自找谈友。否则早自上床，可勿在此妨碍人。"

沈有鼎只得默然。吴宓又规定宿舍作息纪律，限十时熄灯，勿得逾时，妨他人之睡眠。

而在钱穆看来，其他三人笃书成性，不过皆孤僻独行。每天晚上，闻一多在座位上自燃一灯，默默读《诗经》《楚辞》，每有新见解和新发现，就撰写成篇。吴宓则为第二日上课作准备，抄写笔记、纲要，极为有序：逐条写，又合并，有增加，写好后，用红笔加以勾勒。吴宓严谨备课给钱穆留下非常深刻的印象。次日，必是吴宓最先起床，一人独自出门，在室外微露的晨曦中，拿出昨晚备课所写条目，反复诵读。等他人都起床后，吴宓才回到宿舍。

钱穆感慨："余与雨僧相交有年，亦时闻他人道其平日之言行，然至是乃深识其人，诚有卓绝处。"

对己身，他有其约法，有板有眼；对学生，他尽其义务，绰绰有余。他是无论如何都不会允许有任何闪失抑或"事故"的。

有一次，一位青年教师丢了上课用的教科书，问吴宓是否有此书想借用一下，没想到受到吴宓的严厉批评：

"教师怎能丢失 textbook（教科书）呢！一定要找到，上课前必须找到！"

晚上宿舍已熄灯睡觉了，后楼敲门声响起，吴宓高声问："textbook 找到没有？"不耐烦的回答声："找到了！吴先生，请放心吧，我已经睡了，就不开门了。"吴宓说："那就好，教师不能丢 textbook，下次再不能丢！"

事实上，那位青年教师当时并未找到，怕惹恼吴宓，便撒了个谎。

由此可见，他对教育事业从来就抱着认真负责的态度，而且可贵的是，终生不渝。

吴宓总是提着手杖，行色匆匆，路上有人挡住说事，吴宓便说："什么事？快说！两分钟！"说着看着表，两分钟一到，不管对方说没说完，拔腿就走。

怪不得，学生都说他像钟表一样。吴宓始终是行走的钟表。

他的认真与不苟，如同发条，在那个不得不忙慌的年代里，似乎显得更加从容而有内在奇特的能量。

吴宓是那种从不知晓什么是年轻的人。他实际才四十岁开外，但是就外表，从三十岁到一百岁，说他多大都可以。他评价别人总是从宽，对自己却严格到苛刻。他信奉孔夫子的学说，能使人们想到真正的孔门儒生应该如何作为。他端庄严肃，遇事认真而有点过分，有一副"理直"因而"气壮"的架势，却是个不会令人望而生畏的人。


## 红楼情痴，情字难逃

"他古貌古心，同其他教授不一样，所以奇特。他言行一致，表里如一，同其他教授不一样，所以奇特。别人写白话文，写新诗；他偏写古文，写旧诗，所以奇特。他反对白话文，但又十分推崇用白话写成的《红楼梦》，所以矛盾。他看似严肃、古板，但又颇有一些恋爱的浪漫史，所以矛盾。他能同青年学生来往，但又

那些灵魂有香气的男子

凛然、俨然，所以矛盾。

"总之，他是一个既奇特又矛盾的人。

"我这样说，不但丝毫没有贬意，而且是充满了敬意。雨僧先生在旧社会是一个不同流合污、特立独行的奇人，是一个真正的人。"

对于老师吴宓，季羡林如是说。

究其缘故，尚从"潇湘馆"说起。

吴宓一生酷爱《红楼梦》，并自称"紫鹃"，理由是紫鹃对林黛玉的爱护最纯粹。他曾发表过《论紫鹃》一文，对紫鹃忠诚、善良、执着的品格褒扬赞赏。文章的尾句是"欲知宓者，请视紫鹃。"因为在他看来，林黛玉是中国女性中最美好的人物，能够像紫鹃那样无限忠诚和深情地服侍和维护黛玉，是他的最高理想。

在昆明西南联大任教时，校舍对面有一家湖南人开的牛肉面馆，名曰"潇湘馆"。吴宓见后大怒，认为唐突了林妹妹，竟前去砸馆，并勒令老板改名。岂知老板也是牛脾气，坚持不改，双方争执不下，后来有人出面调解，将"潇湘馆"改了名字才了事。

他心里定是揣想：林妹妹会难受的。

不仅仅对林妹妹，吴宓对女学生也是百般呵护的。

吴宓讲的"红楼梦研究"很受欢迎，经常是后来的女生没有椅子坐，他看到后，马上就去旁边的教室搬来椅子，等学生都坐好，才开始讲课。吴宓此举，也引来一些有骑士风度的男生，追随学习。

然而，怀有这样美好之态的吴宓，却因为矢志追求爱情，在婚姻和情感的道路上甚是不顺，历尽波折，尝遍酸甜苦辣。

或许，这和他的爱情婚姻观有关。

天下无完全长久、圆满适意之事，亦无尽善之人。

故人须自能寻乐，乃有真幸福可言。然非有素养、阅历广博之人，不能解此。

婚姻之要，不在于选择，而在于夫妇能互相迁就。

其友陈寅恪说得恰如其分，吴宓本性浪漫，唯为旧礼教道德之学说所拘系，感情不得抒发，积久而濒于破裂。犹壶水受热而沸腾，揭盖以出汽，比之任壶炸裂，殊为胜过。

1918年11月，在美国留学的吴宓接到清华同学陈烈勋的来信，信中向吴宓介绍自己的妹妹陈心一。陈心一毕业于浙江省女子师范学校完全科，时年二十四岁，在浙江定海县任小学教员，素来倾慕吴宓之文章，许为不与世俗浮沉之人，愿意托付终身，且已得到家中长辈的认同。吴宓收到信后，立即回信认可，同时托同学朱君毅的未婚妻毛彦文代为考察。

"陈女士系一师范学生，不十分活泼，然亦不板滞，不十分美丽，然亦不丑。不十分善于交际，然亦不过于静默。倘欲伊为一贤主妇，在家中料理家务，实甚佳。若欲伊能与西人接近，及与一辈受过西洋教育者交际，或虑不足。"

吴宓得知考察结果后，与陈寅恪、汤用彤商量，决定允婚。之后，他致函陈烈勋，要求与陈心一通信。陈烈勋回信说，其父要求须正式聘定后，方准与其妹通信，吴宓见信后颇为愤怒，去信通知取消婚约。但信寄出去后，他又颇为后悔，觉得陈氏父子不通情理，又与陈心一何干，且自己既已允婚，不能食言，即于

那些灵魂有香气的男子

同日再次致函陈烈勋，说前函为病后狂言，无效，婚约如旧，不取消。

一番思想的周折与内心的斗争终于落停，而婚讯更是来得飞快。

1921年8月，回国不久的吴宓便匆匆赶往杭州，与陈心一见面，二人一见如故，并在陈父的安排下泛舟西湖，相谈甚欢。第二天，二人再度早游西湖，吴宓在日记中写道：

"是日之游，较昨日之游尤乐。家国身世友朋之事，随意所倾，无所不谈……此日之清福，为十余年来所未数得者矣。"

十三天以后，吴宓和陈心一"闪婚"。

他本是反对青年男女自由恋爱的，却在这感情来袭时就变为"闪婚一族"。但木已成舟，按着他的婚姻观，互相迁就调和即行。然而，发生在吴宓身上的事并非如此。

吴宓婚后，与妻子育有三个女儿。陈心一辛勤安恬、谦卑恭顺，称得上一个贤妻良母，但吴宓不满足于此，他对她思维迟钝、不善辞令、拙于交际和缺乏文学造诣等深表不满。而他，又对在清华读书时就神交已久的毛彦文很是倾心。在经过多番思虑考量后，吴宓终于决定和陈心一离婚，这段勉强维持了八年的婚姻走到了尽头。

为了筹集离婚费用，吴宓四处借钱，八方求援，甚至还向同乡知己吴芳吉索债。吴芳吉认为吴宓无情地遗弃陈心一和三个年幼的女儿，纯属不负责任的行为，其劝解无效后，便故意拖欠债款不还。为此，吴宓竟差点与吴芳吉绝交。

怕是吃了秤砣铁了心了吧？

他对这段失败的婚姻总结道："故妻陈心一，忠厚诚朴，人所共誉，然宓于婚前婚后，均不能爱之。余之离婚，只有道德之缺憾，而无情意之悲伤，此唯余自知之。彼当时诋余离婚，及事后劝余复合者，皆未知余者也。"

对于吴宓的离婚，毛彦文说，吴宓脑中似乎有一幻想的女子，这个女子要像他一样中英文俱佳，又要有很深的文学造诣，能与他唱和诗词，还要善于辞令，能在他的朋友、同事间周旋，能在他们当中谈古说今，这些都不是陈女士所专长，所以他们的婚姻终于破裂。

吴宓是早就知道的，毛彦文当初的考察意见也极为中肯，他如何料想不到是今日之结果？不过，即便如此，吴宓对女性一贯的呵护依然未改。离婚后，吴宓仍负担陈心一的生活，他每月领到薪水后，必到其住处交与之。这似乎才是那个旧派文人吴宓，但又显得如此宽宏负责。

挚友姚文青说：宓于故妻陈心一女士，德性夙所钦佩，但敬而不爱，终致离婚，然至今仍书信往还。夫妇之谊虽绝，良友之情故在也。

毛彦文也回忆：吴君是一位文人学者，心地善良，为人拘谨，有正义感，有浓厚的书生气质而兼有几分浪漫气息。他离婚后对于前妻仍倍加关切，不仅担负她及女儿的生活费及教育费，传闻有时还去探望陈女士，他绝不是一个薄情者……

多年后，吴宓对于和陈心一的婚事，深表悔恨。当陈烈勋敦

那些灵魂有香气的男子

劝时，他对于这桩未曾谋面的婚事，颇多犹豫，允婚后又毁约，但最后又答应成婚。并且，当时他本应留学五年，却因婚事只留学三年而提前回国……

饮食男女，人之大欲。

学生刘绪贻就总结道，他婚前不爱陈心一而与之结婚，主要是为了解决"人之大欲"问题；婚后不爱陈心一，是因为他对为他解决"人之大欲"问题的这个工具久而生厌。

他自己都不熟知的缘故，只得借旁人的眼和心来端看了。

毛彦文是吴宓痴恋一生的女子。

他说过，生平所遇女子，理想中最完美、最崇拜者，为异国仙姝（美国格布士女士），而爱之最深且久者，则为海伦（毛彦文）。

毛彦文是吴宓清华同窗朱君毅的表妹，也是其未婚妻。九岁时，毛父就将她许配给一位方姓朋友之子。毛彦文从浙江女子师范学

校毕业时，方家催逼完婚。但在结婚当日，毛彦文成功逃婚。方家退婚后，她与表哥朱君毅正式订婚。

朱君毅为毛彦文退婚之事曾向同学募捐，故吴宓早知有毛彦文此人，并对其极为钦佩。朱君毅每次读完表妹的情书后，都会让好友吴宓过目。吴宓对毛彦文在信中流露出的才情极为欣赏，久而久之便对之暗生情愫，但碍于同学之谊，只能将爱慕之情深深隐藏在了心底。

1921年，当吴宓到杭州与陈心一见面时，意外地见到了毛彦文。因其正要去北京求学，临行前来与闺中密友陈心一告别，与吴宓不期而遇。毛彦文活泼雅趣、大方得体，新派淑女风范，给吴宓留下了深刻的印象。

一切因缘有数，注定要在吴宓这里周旋一场。

吴宓婚后不久，朱君毅移情别恋，并以近亲结婚有害下一代为由提出与毛彦文解除婚约。二人分手后，吴宓向毛彦文表白了自己的爱意，但对方断然拒绝。

起初，吴宓深恐毁婚之举有损清誉，准备娶毛彦文为外室，欲享齐人之福。当他将自己的想法告知陈寅恪时，陈寅恪道："学德不如人，此实吾之大耻。娶妻不如人，又何耻之有？娶妻仅生涯中之一事，小之又小者耳。轻描淡写，得便了之可也。不志于学问之大，而兢兢唯求得美妻，是谓愚谬！……无论如何错误失悔，对正式之妻不能脱离背弃或丝毫蔑视，应严持道德，悬崖勒马，勿存他想。双妻制度，亦不可行。"

那些灵魂有香气的男子

吴宓碰了一鼻子灰，讨了个没趣。他的绮梦破灭后，陈寅恪集杜甫的文句和李商隐的诗句为联，嵌进"雨生"二字，打趣得极为巧妙，其语为：

新雨不来旧雨往，

他生未卜此生休。

可见，在那颗秤砣心背后，是娥皇女英的贪妄不得，是离与不离的痛苦挣扎。

吴宓并不气馁。他的一颗痴心，无论如何都是要给予那心爱之人的。他一边与陈心一离婚，一边对毛彦文展开更加猛烈的追求。他表示愿意资助毛彦文出国留学，毛彦文拒绝后，他又以朋友张荫麟等人的名义给她寄钱。

在20世纪30年代的上海滩，吴宓教授单恋毛彦文女士的话题一时为小报津津乐道，而吴毛之事经报纸好一番添油加醋的渲染，一时间尽人皆知。

沸沸扬扬，有时也并非坏事。他的感情就在此间有了不易的进展。

吴宓的锲而不舍最终打动了毛彦文。但当二人谈婚论嫁时，吴宓生出了一丝隐忧，既想和毛彦文结婚，又担心婚后会不和谐，两种截然不同的心情，让他彷徨不已，患得患失。

这期间，他又对燕京大学女学生陈仰贤、西洋女子 H 女郎和 M 女士心生爱慕，通信、交往，无不显出他一时的犹豫与浪荡之心。

在此情境下，他对毛彦文的态度产生了变化。1931 年 3 月，在巴黎的吴宓急电在美国的毛彦文，措词强硬地要求毛彦文放弃学业，迅速赶往欧洲，与之完婚，否则分手。待夏天，毛彦文赶到巴黎，吴宓又不想结婚了，改为订婚。

"你总该为我想想，我一个三十多岁的老姑娘，如何是好？难道我们出发点即是错误？"

"人时常受时空限制，心情改变，未有自主，无可如何。"

她失望至极，哭诉着；他不为所动，冷漠着。他在日记中写道：是晚彦虽哭泣，毫不足以动我心，徒使宓对彦憎厌，而更悔此前知人不明，用情失地耳！

此后的两年间，毛彦文回国留居上海，一直在等待吴宓的迎娶。她写信给吴宓说：

"先生当记得我们俩在东北大学相处的日子，先生在东北大学任教，彦文若不是真心爱先生，会有到东北大学看望先生的那种一举一动吗？

"我把先生送出门外，先生离开了我，一直往前走去，没有再回头看我一眼。我一直站着，到看不见那消失了的先生的身影，才独自回来，把门关上。"

但是，吴宓不断地爱上别的女子，往往同时爱好几位，并将爱的感受写进日记，甚至说给毛彦文听。

就这样，久而久之，良人已非待嫁的良人，可那好妇终有了归宿。

毛彦文已经厌烦了吴宓的爱情游戏，她说自己准备终身不嫁，领养个小女孩，归家与女孩玩笑对话，又善为打扮，推小车步行

那些灵魂有香气的男子

公园中，以为乐。最后，三十三岁的毛彦文嫁给了六十六岁的熊希龄。毛彦文结婚时，曾邀请吴宓参加婚礼，吴宓以编诗话为由谢绝了。他在绝望悲苦之中作《吴宓先生之烦恼》，以排遣内心的苦闷。

毛彦文与熊希龄结婚后，吴宓将对毛彦文的爱化成了诗文，一连写了三十八首《忏情诗》。这些诗发表后，吴宓还在课堂上将诗讲给学生听，成为学生的笑料。钱锺书在写给吴宓的女儿吴学昭的信中也提到此事：

"且先师为人诚悫，胸无城府，常以其言情篇什中本事，为同学笺释之。众口流传，以为谈助。"

当时为了安慰失恋的老师，钱锺书赠其诗云："有尽浮生犹自苦，无情酸泪倩谁偿。"

几度折磨，几度欲念。他本是多情郎，如何看清，又如何放下。

熊希龄病逝后，吴宓为毛彦文悲痛不已，万感纷集，终宵不能成寐。吴宓在枕上写诗一首，有"忏情已醒浮生梦"之句。这夜，吴宓思感缠绵，一夜无眠，直到东方破晓。"此空前大劫之国难一九三七遂于此终，觉地老天荒，一切都尽。彦嫁未满三载，得此结局！人生如小说戏剧，真到结尾收场时矣！"

此时，吴宓又燃起了与毛彦文复合的希望，但毛彦文面对这个世事无常的重大变故，心如死灰。1949年，毛彦文离开大陆赴台，此后，吴宓再也没有了他心爱的毛彦文的消息。

一场不了情，总算是落下帷幕，却在吴宓这里生生成了劫。

他对毛彦文的爱持续了一生，且从不避讳，甚至在课堂上与学生公开谈论，并写进自己的诗中。1943 年 8 月 20 日，已是知天命之年的吴宓于昆明写下一首五言长诗《五十自寿》，诗中表达了对毛彦文的爱意：

平生爱海伦，临老亦眷恋。

世里音书绝，梦中神影现。

怜伊多苦悲，孀居成独善。

孤舟泛黄流，群魔舞赤县。

欢会今无时，未死思一面。

吾情永付君，坚诚石莫转。

相抱痛哭别，安心归佛殿。

即此命亦悭，空有泪如霰。

他在日记中亦对自己的爱情进行了反省：

"盖中国一般人，其视爱皆为肉体之满足及争夺之技术，不知宓则以宗教之情感而言爱。……真正之爱者，皆情智超卓，道行高尚，上帝之宠儿，而人类之俊杰也。爱乃极纯洁、仁厚、明智、真诚之行事，故宓不但爱彦（指毛彦文）牺牲一切，终身不能摆脱，且视此为我一生道德最高、情感最真、奋斗最力、兴趣最浓之表现。他人视为可耻可笑之错误行为，我则自视为可歌可泣之光荣历史，回思恒有余味，而诗文之出产亦丰。我生若无此一段，则我生更平淡，而更郁郁愁烦，早丧其生矣。今年老情衰，并此而不能再，故益不胜其系恋也。"

当是一种柏拉图式的爱情吧，精神维系，遥遥相望，绵续不辍。

那些灵魂有香气的男子

不过，世事总不能圆满。

20世纪60年代初，吴宓请西南师范大学美术系的一位老师根据相片画了一幅毛彦文的肖像，并将之挂在墙壁上，日日相对，夜夜相守。

然而，20世纪60代末，居台湾的毛彦文撰《往事》一书，在这本自传体回忆录中，她提及吴宓时，就如同一个交往不深的朋友，对于她和吴宓的爱情，更是只字未提。她仅用千余字的篇幅回忆了吴宓与陈心一的婚姻，也谈及自己拒绝吴宓求婚的因由：

"自海伦（毛彦文）与朱（君毅）解除婚约后，她想尽方法，避免与朱有关的事或人接触，这是心理上一种无法解脱的情绪。吴为朱之至友，如何能令海伦接受他的追求？尤其令海伦不能忍受的，是吴几乎每次致海伦信中都要叙述自某年起，从朱处读到她的信及渐萌幻想等，这不是更令海伦发生反感吗？"

简洁、直接，了解的人不免感到仓促、潦草。她表现得不仅不爱吴宓，而且对他有些反感……或许是伤得太深的缘故吧。

去过台湾而且有幸拜访了毛彦文女士的沈卫威撰文介绍，当他向毛彦文提及当年吴宓对她的深情厚爱时，已是一百零二岁高龄的毛彦文语气平淡地表示："他是单方面的，是书呆子。"再问下去，她便连说"无聊，无聊"。

他自认是一名热诚的人文主义者和古典主义者，但他的气质是彻头彻尾的浪漫主义者。他的纯真和诚恳，任何人都看得清清楚楚，唯独他自己看不到。

如果说，第一段婚姻还不足以显现吴宓的浪漫，那么在这多情又痴恋一生的情感纠葛中，他的浪漫表露无遗，并进而与现实碰撞，衍生出了矛盾与斗争，他在内心与思想中，无不饱受着这种磨难，其持续时间与尖锐程度甚至不亚于他的真情。

因此，温源宁这样评说吴宓：一个孤军奋战的悲剧人物，然而，更可悲者，则是吴先生完全不了解自己的个性。

1953年6月，已近暮年的吴宓迎来了自己的第二次婚姻，他与二十多岁的邹兰芳结为夫妻，但仅三年，邹就因肺病不治，香消玉殒了。

谈到这次婚姻，吴宓对好友姚文青说："非宓负初衷（他曾发誓：为爱毛彦文，终身不复娶），实此女强我，不得已而为之。以此女学识，则英文不懂，中文不通；以论容貌，不过如此。"

人世烟云，不过了了。

这位终生严谨克己的国学教授，在他的生活中尽显真实性情，在他的《吴宓日记》中刻记了太多自我，在他的诗文中表达了激恋之心——他毫无幽默感，却是个真诚万分的人。

赵瑞蕻评价，吴宓可说是最有意思、最可爱、最可敬、最生动、最富于感染力和潜移默化力量，也是内心最充满矛盾、最痛苦的一位了。

他外表似是古典派，心里面却是个浪漫派；他有时是阿波罗式的，有时是狄俄尼索斯式的；他有时是哈姆雷特型的，有时却是堂吉诃德型的；或者是两种类型、两种风格的结合体。

那些灵魂有香气的男子

## 矛盾的自我，悲剧的英雄

若要在吴宓身上找到一个文学人物的确证，几乎人人都说他是堂吉诃德，身上充满着各种矛盾，悲喜剧色彩交加。

并且，他一生都在不停地修正自己，与内心的自我做斗争。

1914 年春，就读于清华的吴宓和汤用彤，在一起探讨国亡时个体生命究竟该如何选择。汤用彤问："国亡时，我辈将如何？"

吴宓回答："上则杀身成仁，轰轰烈烈为节义而死。下则削发为僧，遁于空门或山林，以诗味禅理了此一生。"

汤用彤则表示，国亡之后，作为学人不必一死了却，因为有两件事可以作为选择。从小处说，是效匹夫之勇，以武力反抗，以图恢复；从大处讲，发挥学人的内在精神力量，潜心于学问，并以绝大的魄力，用我国五千年的精神文明，创造出一种极有势力的新宗教或新学说，使中国在形式上虽亡，而中华民族的基本精神和灵魂不灭，且长存于宇宙。这将是中华民族不幸后的大幸。

通过这次探讨，吴宓深感自己的修养还不够。他日后养成不断反省自己，进行自我剖析的习惯，其源头大抵在此。

年轻的吴宓感到，自己在人生的道路上，学问与德行尚无所成，因此，便更觉义务与责任心的重要，对自己的要求也更严格。在当时社会重私忘公、轻视道义的风气之下，他读了《佛说无量寿经》后，表示自己"诚能牺牲一己，以利群众，则愿然直前，无复顾虑"。他甚至认为自己在佛经中找到了"以养成深厚高远之人格"的道理。

而在留学海外的时日中，他又受到了英文教师的点化——没有什么像犹豫如此有力地摧毁人的道德力量。

吴宓从此便认识到，修为要靠日积月累。于是，他以此自勉，更加勤奋努力，在读书时注意自省，尤其注重自己道德理想主义信念的确立和完善。他的一生都在自勉、自励、自省、反思、自剖，他的日记就是这种内在驱动力的产物。

他终生保持写日记的习惯，行文优美，议论独到，充满了真性情和对世事的深邃见解。他又极为坦诚，从不隐瞒自己所做所想。

何兆武回忆：先生不但是学人，而且是诗人，是至性之人。

有一次上课，先生说到前一天曾和沈有鼎先生相与讨论，说到沈先生是真性情中人；又说假如要沈先生和他去搞政治、去做官，那真会叫他们痛苦死了。接着，先生就把前一天两人的讨论内容画了一张七级浮屠式的图，把对权力的追逐放在最下层，以上各层依次是对物质的追求、对荣誉的追求、对真理的追求、对艺术创造的追求。他说，沈先生看了以后提出，应该把宗教置于顶层。先生自己非常欣赏沈先生的这一补充，说话时流露出一种深沉的欣慰。先生是那么执着认真，又是那么易于动情；有一次看到一匹马倒毙在路旁，不禁唏嘘地对我们说：

"我觉得我自己就是那匹忍辱负重的马。"

吴宓因着这般审慎的剖析与自省，一生严谨，从不放纵自己。

20 世纪 30 年代初，他去欧洲进修前，同仁为之饯行，朱自清喝得酩酊大醉，席间呕吐不止。吴宓见后感慨万千，觉得自己为人太拘谨，喝酒从不敢过量，颇羡慕别人能有一醉方休的豪情。

那些灵魂有香气的男子

这大概也是吴宓之所以为吴宓的必然所在吧。

1964年，吴宓的女儿吴学昭到四川看望父亲，临别时，吴宓在内江火车站告诉女儿想撰写自编年谱的想法，"叙述自己一生的经历并附该项，体例一采简括"。他说："内容但求真实，真实！"

他受西方思想影响，崇拜卢梭，自述自剖，犹如卢梭之写《忏悔录》，这是中国传统文人所不能做到的。

他富于情而明于道，对自己解剖极广，加以生性柔弱，好谋而不能断，所以自己遇事常常在悔恨之中。

他曾有"二马"之喻：

言处今之时世，不从理想，但计功利。入世积极活动，以图事功。此一道也。又或怀抱理想，则目睹时势之艰难，恬然退隐，但顾一身，寄情于文章艺术，以自愉悦，而有专门之成就，或佳妙之著作。此又一道也。而宓不幸则欲二者兼之。心爱中国旧日礼教道德之理想，而又思以西方积极活动之新方法，维持并发展此理想，遂不得不重效率，不得不计成绩，不得不谋事功。此二者常互背驰而相冲突，强欲以己之力量兼顾之，则譬如二马并驰，宓必以左右二足分踏马背而縶之，又以二手紧握二马之缰于一处，强二马比肩同进。然使吾力不继，握缰不紧，二马分道而奔，则宓将受车裂之刑矣。此宓生之悲剧也。

吴宓一生的奇特和矛盾，也正印证了他的"二马"之喻。

比如他非常反对说谎，但他考清华学校时年已十七，超过了规定的最高年龄十五岁，他就瞒了两岁；

比如他有时很谦虚，认为自己不够资格任清华国学研究院院长，只能做个相当于"执行秘书"的主任，但在筹办及出版《学衡》杂志时，不顾同仁的反对，硬是自任总编辑；

比如他一生不知恋爱多少次，朋友、学生访谈之时，约定除爱情学问外，其他一切免谈，但又写诗云"奉劝世人莫恋爱，此事无利有百害"；

比如他平时外表严肃，彬彬有礼，但在昆明看到有家牛肉店取名"潇湘馆"，他认为亵渎了林黛玉，提着手杖去乱砸其招牌，像蛮横的士兵一样。

……

他是一个矛盾的自我，一个"精神错位"的悲剧英雄。在他的内心世界中，两个自我仿佛黑夜中的敌手，冲撞着，撕扯着。

他总是孤注一掷地制造爱，因为他失去了天堂，没有一个夏娃来分担他的痛苦、减轻他的负担。隐藏于他心理冲突之后的是一种新旧之间的文化冲突。他不是一个伟大的诗人，但他无疑是当代非常复杂的一个人物，他通过写诗来寻求解脱……

吴宓自己则写：书生行事痴愚甚，名德空惭，欢爱终悭。

耿直天真，依然如故。

那些灵魂有香气的男子

# 鲁迅

## 搏击暗夜，民族之魂

**生平：** 1881—1936，原名周树人，浙江绍兴人。新文化运动主将，著名文学家、思想家和革命家。青年时代受进化论、尼采超人哲学和托尔斯泰博爱思想的影响，后弃医从文，企图以此改变国民精神。曾任职于教育部、北京大学、北京女子师范大学、厦门大学等。作品主要以小说、杂文为主，代表作有：小说集《呐喊》《彷徨》《故事新编》等；散文集《朝花夕拾》；杂文集《坟》《热风》《华盖集》等。

**受业：** 留学于日本仙台医学院。

**传道：** 许钦文、萧红、萧军等。

**言语：** 无穷的远方，无数的人们，都和我有关。

**品藻：** 鲁迅是爱憎分明的，但不等于说鲁迅没有情感，没有他温和、慈爱的那一面。

——周海婴

1933 年冬天的一个晚上，鲁迅在曹聚仁家中吃晚饭，与其一直谈到深夜。

　　他是善于谈话的，忽然在一串故事中，问了一句："曹先生，你是不是准备材料替我写传记？"

　　曹聚仁说："我想与其把你写成一个'神'，不如写成一个'人'的好。"

　　这一对话以后，不想鲁迅很快就老去了。

　　当曹聚仁终于郑重提笔，已是时光溜走很远的时候了。

　　他似乎总感到鲁迅坐在面前，于是笑着对一心希冀着待之以真实的先生说："你只能让我来写你了，因为你已经没有来辩论的机会了！"

　　他曾经对鲁迅说："你的学问见解第一，文艺创作第一，至于你的为人，见仁见智，难说得很。不过，我觉得你并不是一个难以相处的人。"

　　鲁迅也承认这样的说法，依孟子的标准来说，他是属于"圣之清者也"。

## 敏感世故，内心柔软

　　鲁迅是一个世故老人。

　　他年纪不大，但看起来十分苍老。他自幼经历事变，懂得人世辛酸以及世态炎凉，既自卑又自尊，十分敏感。

　　他曾对许广平说："我看事情太仔细，一仔细，即多疑虑，不易勇往直前……而我最不愿使别人做牺牲，也就不能有大局面。"

　　　　那些灵魂有香气的男子

原来，那个从课本中走出的满纸攻讦的笔杆斗士，是有着俯首低沉的胸腔的。

鲁迅的小说中的人物，不是老大就是老四。因为他是长子，写他不好的时候，至多影响到自身；写老四也不要紧，横竖他的四兄弟老早就死了。但老二、老三绝不能提一句，以免别人误会。

忧患的陶养，黑暗的洗礼。

一次次地为父亲奔走于当铺和药店之间，从小康人家坠入困顿，他便无奈地感知了社会的冷酷。

从寄住于亲戚家被说作乞食开始，他便学会了体察人情的荒芜。

……

鲁迅过早地惊醒，他后来成为文艺作家，比起其他作家，他也是超时代的。

鲁迅好奇心重，总能注意到别人忽略的东西。一次，他在南京看到墙上贴有一张纸片，纸片上有一个茶壶，接连看到好多次，便沿着茶壶嘴的方向走，结果越走越远，越走越荒凉，他有些害怕，便不再往前走。过后鲁迅细想，认为是秘密组织的暗记，如果继续往前，可能会很危险。

犹疑与思考让他十分警惕。

增田涉在鲁迅家上课时，每到休息，就坐在窗口边乘凉，顺便看看窗外的大街。而鲁迅从不靠近向着街道的窗口，总是坐在离窗两三尺的地方，害怕人们从下面的街道上看到他。走在路上，他总觉得有人跟踪，有时看完画展或从酒馆出来，鲁迅就对增田说：

"你先回去，我要在我家附近甩掉那家伙。"

局势动荡的年代，因着犀利的笔触，他的身影是那般灵敏，名字亦多变。

他的一个笔名用不上三次，因为有人会从文章的倾向和语调里发现是他写的。某次，一位日本学者问他，怎么最近没有看到他的文章，他回答说自己频繁更换笔名，并一口气说

出六十多个，日本学者非常惊讶。

面具戴太久，就会长到脸上，再想揭下来，除非伤筋动骨扒皮。他虽这样说，但自己在浊世里始终保有褪去假面的清醒。

字如此，书更如此。

鲁迅在上海溧阳路租了一间房屋专门用来藏书。他和成仿吾笔战时，曾去藏书室取书，回去的路上，他问周建人家中是不是有马列主义书籍，周建人回答"有"。他说："怎么能放在家里？"

"书店里不是公开放在柜台上卖的吗？"周建人说。

"唉！书店里卖和家里有是完全两回事，你怎么可以随便放在家里呢？"

为了防止有人搜查藏书室，他在屋子门口挂了一个"镰田诚一"的木牌用以掩护。1933 年，他在给曹靖华的信中说："此地变化多端，我是连书籍也不放在家里的。"

另外，鲁迅的书架由坚固的厚木箱组成，这样，任何时候都可以装上卡车拉走。

兄弟周作人说，他的个性不但很强，而且多疑，旁人说一句话，他总要想一想这话对于他是不是有不利的地方。这次在上海住的地方也很秘密，除了弟弟建人和内山书店的人以外，其余的人都很难找到。

于是，曹聚仁以为，他是坐在坦克车里作战的，他先要保护好自己，再用猛烈的火力作战，他爬得很慢，但是压力很重。他是连情书也可以公开的十分精明的人。

他自陈："常听得有人说，书信是最不掩饰，最显真面的文章，但我也并不，我无论给谁写信，最初，总是敷敷衍衍，口是心非的，即在这一本中，遇有较为紧要的地方，到后来也还是往往故意写得含糊些。"

毕竟他是从绍兴师爷的天地中出来的，每下一着棋，都有些谋略。

"革命者叫你去做，你只得遵命，不许问的。我却要问，要估量这事的价值，所以我不能够做革命者。"

这就是鲁迅。

李立三曾与他见面，因鼓动武装斗争而对他说："你是有名的人，请你带队，所以发给你一支枪。"

"我没有打过枪，要我打枪打不到敌人，肯定会打了自己人。"

鲁迅这一答，不禁显露出他的温厚来。

他住在都市之中，天天和世俗的社会相接触，而能相忘于江湖，真是有恬淡的心怀。在文艺王国中，他并不追寻隐逸的生活。

鲁迅、孙伏园等三人到陕西讲学，一个月报酬三百元，鲁迅和他商量："我们只要够旅费，应该把陕西人的钱，在陕西用掉。"

得知易俗社的戏曲学校和戏园经费困难，他们便捐赠了一部分钱。西北大学的工友服务很周到，鲁迅主张多给些钱。另一位先生不赞成，说："工友既不是我们的父亲，又不是我们的儿子，我们下一次不知什么时候才来，我以为多给钱没有意义。"

鲁迅当面也不说什么，退而对孙伏园说："我顶不赞成他说的'下一次不知什么时候才来'的话，他要少给，让他少给好了，

那些灵魂有香气的男子

我们还是照原议多给。"

君子观人于微，鲁迅知人情冷暖，自己就要率先做个真襟怀的人。

他对人真是平和，极容易相处。

鲁迅刚搬到砖塔胡同时，十二岁的俞芳觉得他表情严肃，脸上没有一丝笑容，有些怕他。院子里有一棵俞芳种的芋艿，从来没人注意过，鲁迅搬来不久便问她："为什么你种的芋艿总是只有一片叶子呢？"

俞芳答："老叶颜色太深，不好看，我就把老叶摘掉了。"

鲁迅便告诉她，这样芋艿是种不好的，让她以后不要再摘老叶了。这时，一旁的大姐俞芬忍不住骂俞芳"呆"，鲁迅却微笑着对她说："小孩子总有小孩子的想法和做法，对他们幼稚可笑的行动，要多讲道理，简单的指责和呵斥并不能解决问题。"

大概，他是最珍惜孩童的纯真与可爱的，因此也毫无脾气，总是宽待。

搬来不久，鲁迅便送给俞芳和妹妹俞藻每人一盒积木，并常给她们买点心和糖果。他从来不对孩子们摆架子，俞芳属猪，俞藻属牛，他便称呼二人"野猪""野牛"，而二人也没大没小地叫他"野蛇"（鲁迅属蛇）。他也不生气，笑着问她们："蛇也有不是野的吗？"

对于孩子们的要求，鲁迅有求必应。或许究其自身凛冽的童年底子，没有温度，少关怀，他才更竭尽心力地去创造一个别样的世界。

俞芳写了篇童话，请他修改，他很认真地为她修改，并加了标点；俞芳、俞藻喜欢画小人，但不会画人头，便请鲁迅帮忙，他总按她们的要求画，立等可取；俞芳、俞藻的地理课老师要求学生家长将各省的省会、主要出产、气候等用毛笔写在卡片上，小姐妹分配到长江流域各省的卡片，二人请鲁迅帮忙写出，第二天得到了老师的表扬，她们回家高兴地告诉鲁迅，鲁迅笑着说："真是不胜荣幸！"

　　他的心上是一座柔软的宝塔，多的是关怀与温情，似乎筑起了隔离带，与外面的风雨形成了断带。

一次，鲁迅送给俞家三姐妹一包奶油蛋糕，但俞芬收了起来，没有给两个妹妹吃。鲁迅知道后，再送糖果、点心时，总是分成三包，一包较大的给俞芬，两包较小的给俞芳、俞藻。

久而久之，他便成了总是给予和"吃亏"的那一个。不过，他倒真的甘心为之。

北京的冬天，常有小贩叫卖"萝卜赛梨呦——辣了换"，这时，俞芬便带头敲鲁迅的竹杠，让他请客，十有八九她们的愿望会得到满足。还有一种小贩是卖桂花元宵的，元宵比较贵，大家都没吃过，一次，俞芬又敲鲁迅的竹杠，结果他竟然同意了，一共买了九碗，不仅俞家三姐妹、母亲、原配朱安每人一碗，连周家的两个女工和俞家的女工也有。因为头天晚上做成了一笔大生意，第二天卖元宵的小贩又到周家门口吆喝了好久。

平淡如水，不尚虚华。他总是包容，宽仁在他这里如同汩汩的源泉，随着时日越流越长。

某日深夜，周家的两个女工王妈和齐妈发生口角，声音越吵越大，鲁迅被吵醒，整夜失眠，第二天就病了。晚上俞家姐妹去看望鲁迅，说起夜间女工吵架之事，俞芬问道："大先生，你为什么不去喝止她们？其实你就是大声咳嗽一声，她们听到了，也不会再吵的。"

鲁迅摇头道："她们口角，彼此的心里都有一股气，她们讲的话又急又响，我听不懂，因此不知道她们吵嘴的原因，我去喝止或大声咳嗽一声，可能会把她们的口角暂时压下去，但心里的一股气是压不下去的，心里有气，恐怕也要失眠；再说我呢，精神提起，也不一定就能睡着，与其三个人都失眠或两个人失眠，还是让我一个人失眠算了。"

静夜的钟摆，撞击着，叮响着，只有他醒着，探看这浩瀚市井。

在鲁迅的人情世故之道上，大抵深怀着一份宽广——无穷的远方，无数的人们，都和我有关，他说，这也是生活。

据北大教授白化文回忆，那时候，北大的校门口卖豆腐脑的常自豪地对那些小青年说："老年间儿，我爸摆摊儿那会子，鲁迅跟他拉洋车的肩并肩坐在咱这摊子上，一起吃喝，吃完了，您猜怎么着？鲁迅进红楼上课，拉洋车的叫我爸给他看着车，也进去听课去啦！蔡校长的主意：敞开校门，谁爱听就听，不爱听拍拍屁股走人，谁也管不着谁，那才叫民主，那才叫自由哪！"

他的课堂，如当时的北大一般，车夫皆往来自由；而他在生活中，对车夫亦怀着深挚的体恤与同情。

一个寒冬，鲁迅坐人力车，发现车夫没有穿棉裤，问他为什么，车夫答："先生，生活艰难啊，吃都顾不上，哪有钱买棉裤呢？"

鲁迅便给他一元钱，再三叮嘱他去买条棉裤穿。第二天鲁迅下班后，在教育部门前观察，发现几乎所有的人力车夫都穿着单裤，他感慨道："这是严重的社会问题，不从根本上解决，单靠个人的同情和帮助是不行的。"

或许，越是单薄的力量，在他的笔下便显得越冷冽，在冷酷的现实里，越要多一份清醒的关怀。

一次，雪后路滑，车夫拉着鲁迅，一起摔倒在地上，车夫的

腿受了伤，鲁迅的门牙撞掉了，满口是血。车夫很是惊恐，但鲁迅并未责备车夫，反而问车夫的伤势如何。回家后，大家惊慌失措，鲁迅却含笑说道："世道真的变了，靠腿吃饭的，跌伤了腿，靠嘴吃饭的，撞坏了嘴。"

是自嘲自娱,还是讽刺冷笑？掷地有声的是社会国民的惨状，沉默悲叹的是一位爱国志士的良心。

一个冬天的黄昏，北风呼号，周建人的大女儿周晔随父母到伯父鲁迅家中拜访，在离鲁迅家后门不远的地方，发现一个车夫因光着脚拉车，踩到了碎玻璃，正在路边呻吟。周建人忙到屋内叫出鲁迅，拿着纱布和药，为车夫夹出碎玻璃，包扎妥当。车夫回家时，鲁迅将药和纱布送给他，并给了他一些钱，让他在家中好好休息。车夫走后，周晔问鲁迅为何这么寒冷的天车夫还光着脚拉车，鲁迅的回答让她不是很明白，她希望伯父能给一个详细的解答，鲁迅却只是抚摸着她的头，重重地叹了一口气。

一声重重的叹息，变作一行行的檄文；一幕幕的同情，转为一次次的思考。在无数人面前，他尚是个温存的人，何况在家人面前呢?

　　每周六, 周建人夫妇都带一个孩子到鲁迅家中拜访, 一般是夫人王蕴如带着孩子先去, 周建人下班后直接从商务印书馆过去。如果周建人到得晚了, 鲁迅总是不放心, 焦急地楼上楼下跑好几遍, 嘴里说着: "怎么老三还不来?"

　　手足之情, 绵绵以深。周建人家搬到法租界去的第一个周六, 从鲁迅家中出来时, 许广平特地将周建人一家送到附近的汽车公司, 并为他们付了车钱。第二个周六, 周建人告别时, 许广平拿出一元二角钱塞到他手中, 说: "对不起, 今晚我不送了, 请你们付一付。"

　　周建人忙推却, 鲁迅马上低下头, 看着地板, 默不作声, 于是周建人只好收起来。以后每次告辞, 许广平一定将一元二角钱

塞到周建人手中。

有时，两家人晚上出去看电影，只有一辆车，鲁迅坚持自己不坐，让许广平、王蕴如、周海婴和周建人的三个女儿坐，他和周建人走着去。看完电影出来，又只叫到一辆车，鲁迅还是不肯坐，让周建人全家坐着车先走。

他那一股脑儿的沉默，让人无法抗拒，因而又多了一丝威严。但事实上，他的性格仍是那样温和。

萧红是鲁迅家的常客。她常和鲁迅、许广平聊到十二点才告辞。那天下着雨，鲁迅非要送萧红到铁门外不可。萧红怕鲁迅受凉，心中很是不安。到铁门外，鲁迅指着隔壁挂的写着"茶"字的大牌子说：

"下次来记住这个'茶'字，就是这个'茶'的隔壁。"

"下次来记住'茶'的旁边九号。"

他又伸出手去，几乎是触到了钉在门旁边的门牌号。这时，萧红借机问鲁迅：

"你对我们的爱是父性的还是母性的？"

"是母性的。"鲁迅愣了一下，肯定地回答。

确实是母性的慈爱，作家白薇也感同身受。

最初她并不亲近鲁迅，每次去送稿，总是在门口交给许广平就走。半年后，她听到鲁迅对人说："白薇怕我吃掉她。"

待到她再一次去见鲁迅，刚走到楼梯口，便听到一个温和的声音在楼上说道："白薇请上来呀！上来！"

她走进书房，微低着头不敢正视鲁迅。这时，鲁迅拿着一把蒲扇帮她扇风，亲切地说："热吧？"

然后又拿了许多美术书画给她看，并耐心讲解。白薇当时就感到鲁迅是严肃可亲的长者。

可以想到，这样的受惠者大概是数不胜数的：郁达夫、郑振铎、瞿秋白、黄源……在他们眼里，他是尊敬而和蔼的鲁迅先生。

后人一遍遍阅其深刻，读其温厚，闻其挚语，而他的率真及那颗赤子之心大概才是其最深层的底色吧。

鲁迅曾给俞芳等人讲绍兴女人吵架时常用的"剪刀阵"和"壶瓶骂"。他说：

"绍兴女人吵架，有一种架势是'剪刀阵'。"

"你们看我。"

当俞芳问"剪刀阵"是不是拿着剪刀打架时，鲁迅一边笑答，一边站起身，双脚分开，两手叉腰，并让俞芳学做他的样子。然后，他指着俞芳对大家说："你们看这样子像不像一把剪刀口朝下的剪刀？"

大家哄笑。接着他又示范"壶瓶骂"，左手叉腰，右臂向右前上方伸直，并用食指指向对方做骂人状，边示范边问道："这样子像不像一把茶壶？"

他的姿势让大家笑得前仰后合。

有时，鲁迅将手握成拳，放在桌上，让俞家姐妹用拳头打，说他不怕疼。俞藻先打，没有打疼鲁迅，倒把自己的手震疼了；俞芬也打疼了自己的手。鲁迅笑弯了腰。

"你们打人，挨打的人没有痛，打人的人倒痛了。"又连连说，

那些灵魂有香气的男子

"'畅肚'啊，'畅肚'！"绍兴话，大概意思为活该。

这大抵是最朴素亦最纯真的鲁迅，不得不说是其罕见的一面。张恨水对此曾在《鲁迅之单人舞》中说：

> 章士钊改女师大为女大时，女师大一部学生离校。由数教授率领之继续上课于皮库胡同……经费悉由师生自筹，鲁迅先生其一也。先生授课，指斥章氏，间杂以谐语，一座哄堂。一日，值校庆，师生毕集以示不弱。会后作余兴，先生任一节目。先生固不善任何游艺，苦辞不获，乃宣言作单人舞。郎当登台，手抱其一腿而跃，音乐不张，漫无节奏，全场为之笑不可抑。先生于笑声中兴骤豪，跃益猛，笑声历半小时不绝。此为当年与会学生所言，殆为先生仅有一次之狂欢，不可不记。

萧伯纳对鲁迅说："他们称你为中国的高尔基，但是你比高尔基漂亮。"鲁迅便回复："我更老时还会更漂亮。"

历数桑沧皆不尽，世故纯真本一源。

胡兰成说得好："我以为，周作人与鲁迅乃是一个人的两面……鲁迅是生活于人间，有着更大的人生爱。"

## 简单生活，富贵精神

囚首垢面而谈诗书。

这句古语，拿来形容鲁迅再恰当不过。

鲁迅的家常生活非常简单，衣食住行几乎全和学生时代一样。他在教育部做了十多年事，也教了十多年书，可是，一切时俗的娱乐，如打牌、看京戏、上八大胡同，他从来没有过。教育部同仁都知道他是个怪人，但他并不故意装出怪腔，只是书生本色而已。

在北京那样冷的天气，他平常还不穿棉裤。周老太太叫孙伏园去帮助他，他说：

"一个独身人的生活，绝不能常往安逸方面着想的。岂但我不穿棉裤而已，你看我的棉被，也是多少年没有换的老棉花，我不愿意换。你再看我的铺板，我从来不愿意换藤绷或棕绷，我也从来不愿意换厚褥子。生活太安逸了，工作就被生活所累了。"

简单生活，即使在当下，也不失为一种不错的格调。人各有性情，过自己觉得舒服的日子就很好。

他的房中只有床铺、网篮、衣箱、书桌这几样东西，什么时候走，一时三刻，随便拿几件行李，就可以走了。孙伏园说和鲁迅一同出门，他的铺盖都是鲁迅替他打理的。

友人这样说鲁迅的日常生活：他能过刻苦朴素的生活，那是不错的；说他过的是刻苦朴素的生活，那就可以保留了。所谓小资产阶级知识分子者，是从田间来的，知道稼穑之艰难的，但也懂得都市的资产阶级的种种物质享受，在许多场合，他应对自如，和洋人在一起，也显得从容自在，毫无拘谨之态。林语堂在忆定盘路那大洋楼的派头，可说是十足洋化的；鲁迅坐在那儿，也毫无寒伧之色。他毕竟是绍兴人，而且在北京住过多年，见过大世面，一举手一投足，都是合乎大雅之堂。

　　而夫人许广平这样追记：沉迷于自己的理想生活的人们，对于物质的注意是很相反的。他对于衣服极不讲究，也许是一种反感使然。

　　小的时候，家里人叫他穿新衣，又怕新衣弄脏，势必时常监督警告，于是坐立都不自由了，是一件最不舒服的事。因此，他宁可穿得坏些，布制的更好。方便的时候，譬如吃完点心糖果之类，他手边如果没有抹布，也可以很随便地往身上一揩。

　　如此看来，仍是幼时的情结或说症结……世人如何想得到，超前的经历与体悟，造就了一个这般伟大而又平凡的鲁迅。

　　初到上海的时候，他穿久了的蓝布夹袄破了，友人曾买了蓝色的毛葛做了一件衣服，做好之后给他送去，他无论如何也不肯穿上身，说是滑溜溜的不舒服，没有法子，这件衣服只好转赠别人，从此不敢做这一类质地的衣服了。直到最后一年，身体瘦弱得很，经不起重压，特做一件丝棉的棕色湖线长袍，但是没穿几次，就变成临终穿在身上的殓衣，这恐怕是成人以后最讲究的一件了。

他最赞同曹聚仁的一句"君子可使居贫贱也"，居贱不易，居贫更不易。

鲁迅的起居也是无定时的。他在北京时，每天常到子夜客才散。之后，如果没有什么急待准备的工作，稍稍休息，看看书，二时左右就入睡了。他并不以睡眠为主而以工作为主：假如倦了，也就倒在床上，睡两三小时，衣也不脱，被也不盖，就这样打一个盹，翻个身醒了，抽一支烟，起来泡杯浓茶，有糖果点心呢，多少吃点就动笔了。有时，写作的意兴很浓，放不下笔，直到东方发白，是常有的事。《伤逝》那篇小说，他是一口气写成的。妻子劝他休息，他说："写小说是不能够休息的，过了一夜，那个创造的人物、性格也许会变得两样，和预想的相反了呢。"

他的书生本色不单是朴素，更是铆足了劲儿在笔下酣畅淋漓。他对书籍很是爱护。

线装书缺页的，他能抄补；外观破烂的，他能拆开修理后重新装订；书头污秽的，能用浮石水磨干净；天地头太短的也能够每页接衬压平，技艺堪比琉璃厂的书匠。据周作人回忆，鲁迅少时经常去书坊，去得多了，便学会了书坊伙计包书、装订的技术。

为了保护书，鲁迅主张印毛边书。

他看到，许多人看书时不清洁手，书边沾上了油和汗，黑乎乎的，看完收起来，一遇到天潮，便生霉，时间长了会长虫。所以他主张将书装订成毛边，看完后，将沾了油污的毛边裁去，既漂亮，又不生霉。有一次，鲁迅让他创办的《语丝》周刊的出版发行人李小峰将书一律装成毛边，但等李小峰将样书拿给他时，他看到书是切好的，很是恼火，问怎么回事，李小峰说毛边书卖不出去，只好切了边。鲁迅马上说：

"那我不要切边的，非毛边的不可，你能将就买客，当然也可以将就我。切边的我决定不要，你带回去好了。"

李小峰只好将这批书带回去，重新印刷装订成毛边书，给鲁迅送过去。

态度是赫然并认真的，语词是明确且直接的。他怀着执意，似乎比生命还看重。

若看他的衣着，是不会想到这么一个相反的对照的：比如书脏了，有时也会用衣袖去揩拭，手不干净的话，他也一定洗好了才去翻看。

书架上的书，摆得齐齐整整，一切文房用品，他必亲自动手，其有一定的位置，不许放乱。他的书房，就像药房那样整齐有序。

鲁迅常说："东西要有一定的位置，拿起来才便当。譬如医师用的药瓶，随手乱摆，配药的就会犯配错药的危险。"

平时无论怎么忙，他的抽屉总是井然有序，不愿别人去翻的。他最不愿意借书给别人，除非万不得已，有时他宁愿另买一本送朋友。他把连续的期刊按年月、卷数包起来，扎好了，写上书刊名及期数，有如图书馆的分类。他所包的书，方方正正，连用绳子都有讲究，总以不损及书页为主。他对于线装书的整理自有方法，

有时拆散修理，重新装订。那部名贵的《北平笺谱》，还添了青布包面。偶有缺页，他也自己动手拆添完善，才算了事。

文人自己有自己的王国，一进入文艺王国，就在那个天地中历劫般徜徉，慢慢地形成了自己的章法与性子。当然，鲁迅亦不例外。

他不仅有文学天才，而且是有艺术天才的。

鲁迅自幼绘画，一丝不苟，很有耐性。有一回，他在堂前作画，过程中，因事离开，祖母看着好玩，就去补画几笔，却画坏了，他就扯去另画。他还亲手做信封，有时就用别人寄来的信封，翻面重做；有时就用一张长方形的硬纸，拆叠得齐整匀称，比书坊买来的还挺括。他平日把一切包裹纸、纸袋弄得平平整整，绳子也卷好，随时可用。

他就是这么节省物力，丝毫不浪费。他的细心与耐心，是思想的经济使然，同时更显出他的修养。

鲁迅写字，是用毛笔的，他的全集的原稿，就是毛笔写成的；还有那二十五年的日记和几千通的书简，也都是用毛笔写的；但他对于社会提倡毛笔字，禁止学生用铅笔墨水笔作文，表示反对，认为用墨水笔可以节省青年学生的时间，没有禁止的理由。他为着社会大众着想，决不固执迂拘。

　　一贯的人生大爱，是如此栩栩如生，让人敬让人赞，但他自己仍不免一味地执着，心有所好。

　　鲁迅生活的标志，似乎是烟，而不是酒。每一个和他熟悉的人，都知道他是烟不离手的，和客人谈笑，总是烟雾弥漫。并且，他的习惯是，一支未灭接上一支，这样就不需要点火柴。无论写作、休息还是待客，他的烟一直燃着。

　　不抽烟的人去见鲁迅，离开后衣衫带着一股烟味，这成为见过鲁迅的一个证据。住在北京时，他的屋内全是烟灰、烟蒂，一天下来，看地上的烟灰、烟蒂的数量，便可知道他在家时间的多少。

　　然而，鲁迅抽烟不讲究档次，经常吸的是廉价烟，他解释说：虽然吸得多，却是并不吞到肚子里。意思是既然不是吃下去的，就不必在乎好坏。有一段时间，他病了，医生警告他，若多抽烟，服药也是没有用的，他却还是不停地吸烟，关心他的人监督也没有用。他抽的都是廉价品，这类香烟质料本来不好，再加了他吸得多，吸得深，对于他的肺病影响是极大的。

　　许广平回忆，鲁迅很是俭省，香烟吸到烧手甚至烧口，没法拿了，才丢掉。后来她买了一个两寸左右的烟嘴送给鲁迅，防止他烧手。他每天要抽五十支烟左右，工作越忙，烟越不离手，一半是吸掉的，一半是烧掉的。

　　这大概是鲁迅对自己最为放纵的地方了，生性的焦愁与明朗全部投注在了一腔从文救国的热情上，内心却止不住地往深里思量，因而悲观，悲观又节制。

他是绍兴人，对酒很了解，绝不多饮，如果有事也适可而止。他父亲是个酒鬼，喝醉了时常发酒疯骂人，他对醉酒疯癫的印象很深刻，因此就节制自己。

　　他在厦门大学时，曾经醉过一回。因为那时环境很恶劣，他气愤不过，把心中的话说出来了，喝了大量的酒，有些醉了，回到住所，靠在椅子上抽烟时睡着了，香烟的火头把他的棉衣烧了一大块，等他惊醒过来，身上热烘烘，眼前一团火，倒是一幕趣剧。他情绪不好时，就喝点酒来浇愁。

　　他是性子刚的人，总要有些反映他性格的嗜好。

　　有人说，善画者至善至美，善诗者韵至心声，善酒者情逢知己，善茶者陶冶情操。鲁迅是极会生活的人。

　　他喜喝清茶，他所爱的不是带花的茶，而是清涩的龙井茶。他也不是喝工夫茶的人，不过，茶要喝得浓，浓浓的一杯热茶，也是一种刺激、一种享受。

　　他也爱吃糖果和点心，吃的也是几角钱一磅的廉价品。但偶尔手头有些钱，也会买些较好的。一次，风月堂出了一种法国细点，名叫乌勃利，广告说风味淡薄，鲁迅忙买来一尝。结果打开重重包装，漂亮的洋铁方盒内装的就是二十来个蛋卷，只不过做工精巧罢了。后来查字典才知道，法文乌勃利就是"卷煎饼"。

　　他不仅对洋式食物心有所属，而且家乡绍兴的臭豆腐、臭千张之类的臭东西，对他亦是永久的蛊惑。

　　许钦文回忆，一天，他到"老虎尾巴"（房子后面搭的平顶灰棚）去看望鲁迅。去时，鲁迅正在吃馄饨，蒸的，没有卤，所

那些灵魂有香气的男子

以放在盘子里，用手抓着吃。但令许钦文诧异的是，鲁迅将馄饨先放到旁边一张方纸上粉屑一般的东西上翻几翻，然后放进口里。许钦文以为那粉屑是麻酥糖，觉得很奇怪，于是走过去探视，闻到刺鼻的胡椒味，几乎咳了起来。他忍不住问道：

"大先生，怎么你要用这样多的胡椒粉？"

鲁迅笑道："哈哈，没有辣酱就吃胡椒。可以吃！但你恐怕吃不来，所以不请你吃。哈！"

不过，鲁迅不爱吃腌菜、干菜、鱼干一类的食物，认为干菜和腌制的东西代表农村的产品。于此，乡下人对于城市型生活的欣羡，贫穷中过来的人对于阔佬的享受方式的神往，自在心胸盘旋。这便是友人口中小资产阶级知识分子的典型意识。

他有一回说："我们都是马二先生，吴敬梓写马二先生那么馋；吴敬梓自己一定很馋的。"

对于物质，他粗粗简简，时有性味，饶有兴致；但对于精神，他要求颇高，投入上也不那么省俭，反而十分舍得。

他爱看电影，这是他的精神休息。

他要坐楼座，付最高的票价，把心神松下去。不一定选最好的片子，侦探片、打斗片、滑稽片、生活风景片他都看，也爱看五彩卡通片。

他最后看的是一部苏联片《复仇艳遇》，那是他去世前十天的事。

鲁迅是精神的巨人。

趁着这休息，这放空，这光阴的罅隙——

他写：有缺点的战士终竟是战士，完美的苍蝇也终竟不过是苍蝇。

他写：只有那暗夜为想成为明天，却仍在这寂静里奔波。

## 弃医从文，奋笔疾书

踏《莽原》、刈《野草》、《热风》《奔流》，一生《呐喊》；

痛《毁灭》、叹《而已》、《十月》《噩梦》，万众《彷徨》。

这是《晨报》副总编辑孙伏园，以鲁迅译著书名及所主编之刊名缀成的一副挽联，可谓别有特色。

的确，鲁迅的一生，最广为人知的便是他的一部部著作了。

"医学并非一件紧要的事，凡是愚弱的国民，即使体格如何健全，如何茁壮，也只能做毫无意义的示众的材料和看客，病死多少是不必以为不幸的。所以我们的第一要著，是在改变他们的

精神。"

于是，他弃医从文，寻求新的救国之路。

冷眼探看，已将一个青年的思想训练得足够独立，他的血液从来便是沸腾的，而这一时起，他将擎举文艺运动的大旗，渲染出一片开阔的盛园。

开始，便是不同凡响的。

钱玄同为《新青年》向鲁迅约稿，鲁迅拒绝，说："假如一间铁屋子，是绝无窗户而万难破毁的，里面有许多熟睡的人们，不久都要闷死了。然而是从昏睡入死灭，并不感到就死的悲哀。现在你大嚷起来，惊起了较为清醒的几个人，使这不幸的少数者来受无可挽救的临终的苦楚，你倒以为对得起他们么？"

"然而几个人既然起来，你不能说绝没有毁坏这铁屋的希望。"钱玄同回答。

鲁迅被说服了，开始写小说，第一篇就是《狂人日记》。

"中国思想界的清道夫"吴虞读了《狂人日记》后，写下了著名的《吃人与礼教》一文，他在文中说："我觉得他这《日记》，把吃人的内容和仁义道德的表面看得清清楚楚。那些戴着礼教假面具吃人的滑头伎俩，都被他把黑幕揭破了。"

"吃人的就是讲礼教的，讲礼教的就是吃人的呀！"

文艺之路就这样开启——只是写，能写，能多写，总是好的。

他的作品不仅吸引了年轻人，还吸引了一些老年人。

章衣萍的岳父看过《呐喊》后，再三称赞鲁迅了不起；荆有麟在河南遇到一位七十岁左右的粮食店老板，订阅了北平的《京报》，只要是鲁迅的文章，他每篇必看；一位姓莫的辛亥革命者对鲁迅很是佩服，只要是鲁迅的作品，必收藏起来。

写鬼写妖高人一等，刺贪刺虐入木三分。郭沫若评蒲松龄如是，而鲁迅的笔力又何尝不是呢？

鲁迅与高长虹常谈论作文构思，他说他想描写鬼，结局是一个人死的时候，看见鬼掉过头来，在最后的这一刹那他看见鬼的脸是很美丽的。

轰轰烈烈的革命进行之时，畸形的国民面目已在鲁迅心中深印良久，他发表了那篇著名的《阿Q正传》。

当报纸陆续地散布于全国各地后，许多人都栗栗危惧，并时常有人向《新青年》反映，觉得连载的某段仿佛就是在骂自己……

鲁迅，以思想家的冷静和深邃思考，以文学家的敏感和专注，观察、分析着所经历、所思考的一切，他感受着时代的脉搏，逐步认识自己所经历的革命、所处的社会和所接触的人们的精神状态，同时，又让世人一惊。

王冶秋在谈到自己读了十四遍《阿Q正传》的种种体会时，这样概括：

第一遍：我们会笑得肚子痛；

第二遍：才咂出一点不是笑的成分；

第三遍：鄙弃阿Q的为人；

第四遍：鄙弃化为同情；

第五遍：同情化为深思的眼泪；

第六遍：阿Q还是阿Q；

那些灵魂有香气的男子

第七遍：阿Q向自己身上扑来；

第八遍：合二为一；

第九遍：又一次化为你的亲戚故旧；

第十遍：扩大到你的左邻右舍；

第十一遍：扩大到全国；

第十二遍：甚至洋人的国土；

第十三遍：你觉得它是一个镜；

第十四遍：也许是警报器。

陈西滢说，阿Q不但是一个Type（典型），同时又是一个活泼的人，他大约可以同李逵、刘姥姥同垂不朽了。

确实如此，直至今天，每当我们提起鲁迅，阿Q便是如他等身的一个符号。它与这位笔锋如剑的先生在世间行走着。

敬隐渔将《阿Q正传》翻译成法文，寄给罗曼·罗兰审阅，罗兰十分欣赏。1926年，他将该文推荐给《欧罗巴》杂志的编辑，此作品得以在国外发表。罗兰遗稿中有他对《阿Q正传》的评价：

这篇故事的现实主义乍一看好似平淡无奇。可是，接着你就发现其中含有辛辣的幽默。读完之后，你会很惊异地察觉，这个可悲可笑的家伙再也离不开你，你已经对他依依不舍。

叶永蓁曾问：为何阿Q是地地道道的中国人，却要取个外国名字呢？

鲁迅说：阿Q光头，脑后留一条小辫子，这个Q字不正是他的滑稽形象吗？

就这样，他摸索着现代国人的灵魂，并依着自己审慎的觉察，孤寂而坚持地写着，写着，试图在将来，看到围在高墙里面的一切人，自己觉醒，走出来。

但他总自憾有些隔膜。

鲁迅的白话文写得极好，但寿洙邻认为其古典文字更为出色。他常对鲁迅说，何不将古典著作出版，可以传世。鲁迅笑答：

"我的文字，是急于要换饭吃的，白话文容易写，容易得版税换饭吃，古典文字，有几人能读能解。"

能做事的做事，能发声的发声。

他这样说：有一分热，发一分光，就令萤火一般，也可以在黑暗里发一点光，不必等候炬火。

1932年，王志之问鲁迅："先生这几年怎么不写小说了？"

"理由很简单：写不出来了。"鲁迅笑着回答，语气却很慎重，"因为旧有的是过去了，新的又抓不着。"

"当我沉默着的时候，我觉得充实，我将开口，同时感到

空虚。"

他极富柔情与惆怅，同时又是一个孤独、悲愤的斗士。

但比起文章来，更重要的是鲁迅这个人，他的入世的态度，他的爱国心和正义感，他对强暴的反抗和对弱者的同情，他为了中国进步不懈的努力，他身上那种中国优秀知识分子的传统的骨气，用他自己的话说——这就是中国的脊梁。

## 鲁迅之后，无数鲁迅

鲁迅站在路旁边，老实不客气地剥脱我们男男女女，同时他也老实不客气地剥脱自己。

他不是一个站在云端的超人，嘴角上挂着庄严的冷笑，反来指斥世人的愚笨卑劣；他不是这样的圣贤，他是实实地生根在我们这愚笨卑劣的人世间，忍不住悲悯的热泪，用冷讽的微笑，一遍一遍不厌其烦地向我们解释人类是如何脆弱，世事是多么矛盾；他绝不忘记自己也有这本性上的脆弱和潜伏的矛盾。

于是，世人总忘不了他那抽小烟儿冷冷看人的神情。

1936 年春天，鲁迅的身体已不大好，吃过晚饭，总要坐在躺椅上，闭目休息一会儿。许广平私下里对萧红说，周先生在北平时，有时开着玩笑，手按着桌子一跃就能够跃过去，而近年来没有这么做过，大概没有以前那么灵便了。但一讲起话来，鲁迅又像往常一样精神了。

不久，鲁迅病倒，卧床一月有余，每天发烧。他脸微红，目力疲弱，不吃东西，不大多睡，没有呻吟，只是躺在床上，有时张开眼睛看看，有时似睡非睡地安静地躺着，茶喝得很少，烟也几乎不抽了。

经诊断，鲁迅得的是肺病，并且是肋膜炎，须藤医生经常来为鲁迅抽肋膜积水。而大概从这时起，一篇叫《死》的随笔就在酝酿了吧……

到了 6 月，他的病已经很严重，无法坚持写日记，也无法像过去那样，有信必复、有稿必看了。收到信函后，怕寄信人和寄稿人惦念，他就刻了一枚图章，上有"生病"二字，盖在回执上，以便使得寄件人明白其身体状况，不致焦急催促。

7 月，身体稍微好了一些，鲁迅就不"安分"了。医生让他多休息，躺着静养，他说："我一生没有养成那样的习惯，不做事，不看书，我一天都生活不下去。"

他又说："我请你看病，是有条件的。"

医生问他什么条件，他答："第一，是要把病医好，是要活命。第二，假如一动不动一个月可医好，我宁愿动动花两个月医好。第三，假如医不好，就想办法把生命拖延着。"

医生听罢无话可说。

最后的日子，他就这样坚挺而固执地过着。

10 月 19 日凌晨，鲁迅对许广平说"要茶"，之后便陷入昏迷，任凭许广平如何呼唤，他始终不应一声。

至凌晨 5 时 25 分，鲁迅的心脏停止了跳动。去世时，他体重不足七十斤。

七岁的周海婴还记得父亲离开当天的情景：

那些灵魂有香气的男子

"我听到楼梯咚咚一阵猛响，我来不及猜想，声到人随，只见一个大汉（萧军），没有犹豫，没有停歇，没有客套和应酬，直扑父亲床前，跪倒在地，像一头狮子一样石破天惊般地号啕大哭。他伏在父亲胸前好久没有起身，头上的帽子，沿着父亲的身体急速滚动，一直滚到床边，这些他都顾不上，只是从肺腑深处旁若无人地发出了悲痛的呼号。"

　　鲁迅去世，萧军和胡风守灵三夜，萧军多次念叨："先生没有死，他会坐起来谈话的。"

　　此前黄源通知他时，他竟怒目圆睁地抓住黄源："你诓我？"

　　鲁迅就这样，溘然离世……

　　他的灵柩上，放着一面"民族魂"的大旗……

　　在悲怆的《安息歌》中，他永远地于万国公墓中安睡了……

　　与之曾有论战且从未谋面的郭沫若写下三副挽联，其中一联云：

　　孔子之前，无数孔子，孔子之后，一无孔子；
　　鲁迅之前，一无鲁迅，鲁迅之后，无数鲁迅。

　　谁说不是呢？

　　1936年10月18日，巴金高兴地告诉曹禺，鲁迅愿意在其家中会见自己。巴金与鲁迅在宴会上谋过面，但他从未去过鲁迅家。两位青年作家为有机会去其家中拜访兴奋不已。19日早晨8时，当巴金、曹禺、靳以三人来到上海大陆新村九号鲁迅寓所的时候，却得知鲁迅已经在两个多小时以前与世长辞了。

巴金成为抬棺者中的一位。

他后来说："回忆鲁迅对于我一直是灵感的源泉。"

顾随翻阅鲁迅的译作《译丛补》时，也发出深重的感慨：

《译丛补》自携来之后，每晚灯下读之，觉大师精神面貌仍然奕奕如在目前。

底页上那方图章，刀法之秀润，颜色之鲜明，也与十几年前读作者所著他书时所看见的一样。然而大师的墓上是已有宿草了。

自古皆有死，在大师那样地努力过而死，大师虽未必而且也决不觉得满足，但是后一辈的我们，还能再向他作更奢的要求吗？

想到这里，再环顾四周，真有说不出的悲哀与惭愧。

每个人的一生都是许多时日，一天接一天。我们从自我内部穿行，会遇见强盗、鬼魂、巨人、老者、小伙子、妻子、遗孀、恋爱中的弟兄们，然而总遇见的是我们自己。

而鲁迅——自己背着因袭的重担，放他们到宽阔光明的地方去。

那些灵魂有香气的男子

# 梅贻琦

## 一生斯文，终身校长

**生平**：1889—1962，字月涵，自 1914 年归国后，即到清华大学担任教学和教务长等多种职务。1931 年出任清华校长。他有一套完整的教育思想体系，其代表作是《大学一解》。

**受业**：张伯苓。

**传道**：沈从文、杨振宁、汪曾祺、邓稼先等。

**言语**：所谓大学者，非谓有大楼之谓也，有大师之谓也。

**品藻**：梅先生不但是一个真君子，而且是一个中西合璧的真君子，他一切的举措态度，是具备中西人的优美部分。

——马·约翰

《论语·里仁》中"君子欲讷于言而敏于行"，可说是梅贻琦的写照。

当初韩咏华和他订婚的时候，韩咏华的同学陶履辛得知消息，急忙跑去对她说："告诉你，梅贻琦可是不爱说话的呀。"

韩咏华爽然说："豁出去了，他说多少算多少吧。"

就这样，她便和沉默寡言的梅贻琦开始了四十三年的共同生活……

梅贻琦不爱说话，"Gentleman of few words"（寡言君子）的称号足足伴随了他的一生，但实际上，当他置身教育事业时，孜孜不倦，充满活力、希望和信念。

他是清华的终身校长。

## 寡言君子，实干力行

1915 年冬的某一天，梁启超在清华园演讲，题目是《君子》。

在演讲中，他借《周易》乾坤二卦"天行健，君子以自强不息；地势坤，君子以厚德载物"勉励清华学子"崇德修学，勉为真君子。异日出膺大任，挽既倒之狂澜，作中流之砥柱"。

二十六岁的新晋物理系主任梅贻琦，此时也在台下聆听。

梁启超演讲之后，清华即开始以"自强不息，厚德载物"作为校训，一直保留至今。而梅贻琦这个清华历史上任职时间最长的校长，不仅与其共同经历了命运中的风雨，也用自己的人生诠释了传承百年的校训。

渊源绵长，似有注定的成分。

梅贻琦是投考清华的第一批庚款留美生，在六百三十位考生中名列第六。

到看榜的时候，别人都很活跃，考上的喜形于色，没考上的则显得有些沮丧。唯有他始终是神色自若，单从面部表情，谁也看不出他是考上了还是没考上。

和他同批被录取的徐君陶后来回忆说，自己在看榜的时候，看见一位不慌不忙、不喜不忧的也在那里看榜，看他那种从容不迫的态度，觉察不出他是否已考取。后来在船上碰见了，经彼此介绍，原来就是现在的梅先生。

不过说来，这梅先生的起头却是一段年少轻狂的曲折。

他从美国学成归来，接受校长周诒春的聘请，回母校教授物理和数学，不久便厌倦了。

暑假回天津，见到先前在南开就读时的恩师张伯苓，梅贻琦表示对教书没兴趣，想换份工作，张伯苓不同意："你才教半年书就不愿意干了，怎么知道没兴趣？青年人要能忍耐，回去教书！"

连梅贻琦自己也没有想到，这一坚持，就与清华再也没有分开过。夫人韩咏华后来亦笑谈："这可倒好，这一忍耐，几十年、一辈子下来了。"

1928 年，清华学校正式改为国立清华大学，梅贻琦以压倒性的票数当选清华第一任教务长……之后，在学生三拒校长的风潮中，梅贻琦被推举为清华校长，在这风口浪尖上，寡言君子必有他沉默的优势。

他的就职演说非常朴素务实，无激昂号召，也不显山露水：

我希望清华今后仍然保持它的特殊地位，不使堕落。我希望清华在学术方面向高深专精的方面去做。办学校，特别是办大学，应有两种目的：一是研究学术，二是造就人才。

今人听来好像确无出彩之处，但接下来的话，成了梅贻琦在中国大学史上最著名的名言：

一个大学之所以为大学，全在于有没有好教授。孟子说："所谓故国者，非谓有乔木之谓也，有世臣之谓也。"我现在可以仿照说："所谓大学者，非谓有大楼之谓也，有大师之谓也。"

这一天是1931年12月3日。

承继着这个历史性的开端，清华迎来了抗日战争前的黄金六年。

教授是学校的主体，校长不过是率领职工给教授搬搬椅子凳子的。

梅贻琦治校有一条法宝，那就是"吾从众"。

学术上的事情，由教授们讨论决定，行政上的事情，则由教

那些灵魂有香气的男子

授会推选出来的评议会去管。在权责分明的同时，也彰显民主的精神。作为校长，他并不独揽大权，只要教授提出来的建议有理有据，对学术、学校有益，梅校长就会颔首微笑："吾从众。"

并且，对于真正有才学的人，梅贻琦也高度重视，这在清华为之四次破格的华罗庚身上得到了很好的体现。

当人们夸他治校有方时，他也只是淡淡地说：就是有一些成绩，也是各系主任领导有方。教授中爱看京戏的大概不少，你看戏里的"王帽"，他穿着龙袍，煞有介事地坐着，好像很威严，很有气派，其实，他是摆给人看的，真正唱戏的可不是他。

清华文学院教授朱自清后来写了一篇文章《清华的民主作风》：在清华服务的同仁，感觉着一种自由的氛围，每人都有权利有机会对学校的事情说话，这是并不易的。

他还这样评价说：清华的民主制度，可以说诞生于民国十八年。但是，这个制度究竟还是很脆弱的，若是没有一位同情的校长的话。梅月涵先生是难得的这样一位校长……他使清华在这七八年里发展成一个比较健全的民主组织。

但民主并不意味着没有冲突。

梅贻琦曾经就"缓考"一事和学生发生过冲突。

1933年1月6日，学生自治会向学校要求缓考，理由并不是抗日救亡，竟是"平津动摇、人心骚动，日方态度未明，时局瞬息万变，同学爱国有心，避危乏术，忧心忡忡，不可终日……"。梅贻琦断然拒绝了这种要求，回应道：

> 今国势危迫，不能以躬执干以卫国家民族者，必须于可能范围内努力进行其应作之工作。若以赤手空拳为尽先避难之口实，则平津数百万之市民孰非赤手空拳者，若皆闻风先避，则鱼烂土崩，人不亡我，我先自亡矣。

学校发出《告同学书》：

> 当我们民族生命在呼吸之顷，我们如果不能多做事，至少不要少做事。假如你们真去拼命，我们极端赞成你们不读书。假如你们担任了后方的切实工作，我们决不反对你们告假。且平心静气地、忠实地想一想：有，不必说；没有，你们就该做你们每天做的事，绝对不应该少做，不做……我们不忍看你们的行动趋于极端，更不忍社会对于清华学生失了期望，所以我们用最诚恳的态度进一忠言，而且这忠言也许就是最后。

语词之肯定，立场之坚定，对于向来斯文的梅校长，广大师生不免一惊。

诚然，这也许是梅贻琦对学生最强硬的一次，他并不反对学生参与政治活动，但绝对拒绝学生在大时代面前的自私和畏蒽。

那些灵魂有香气的男子

20 世纪 30 年代中期，国家内忧外患，更趋动荡，学校也经常被卷入政治的风浪中。梅贻琦明确表明反对党化教育，提倡学术自由的态度，而此时，他不得不在执政党和进步学生双方的夹攻中寻求治校治学的方法。

他对于学生参与政治，自有其成熟的看法。在 1932 年的致新生欢迎词《大学的意义》中，他为学生救国指出一条正途：

只有热心是不能于国家有真正补助的。诸君到学校来正是从学问里研究拯救国家的方法，同时使个人受一种专门服务的训练，那么在这个时期内，诸君要拿出恳求的精神，切实去研究……吾们以前吃亏的地方，多半是由于事实没认清楚，拿半熟的主义去作试验，仿佛吃半熟的果子，不但于身体无益处，反倒肚子痛。古人有一句话说："七年之病，求三年之艾，苟为不畜，终身不得。"这个意思，吾们可以引用。就是吾们要解决的中国的大问题，并不是一两月或一两年的事，虽然是急难当前，吾们青年人还是要安心耐性，脚踏实地一步一步去探讨。

正如他寡言的性子一样，他劝大家在当前情势之下，要咬着牙，屏着息去工作。因为张口空话乱嚷，于实事无一益处。

因此，对于学生在求学阶段参与政治、选择怎样的政治信仰，梅贻琦从来是不鼓励的。他觉得在学校学习的过程当中，学生最主要的是学会辨别自己的人生道路。至于学生今后选择什么样的人生道路和政治价值取向，那是他们走上社会以后的事情。

虽然不鼓励学生参与政治，但梅贻琦仍然保护师生的言论自由，且全力捍卫参与学潮的学生。

1936年2月，"一二·九"运动余波未了，军警方面喝令已出，准备把军车开进清华抓人。

学校领导人员闻讯后，紧急在梅贻琦家里召开会议，研究对策。

讨论中，几乎每个人都说了很多话，唯有梅贻琦默然不发一言。大家都等着他讲话，足足有两三分钟之久，老先生还是抽着烟，一句话不说。

结巴的冯友兰最后就问梅贻琦说："校长你——你，你看怎么样？"

他还是不说话。

叶公超忍不住了，说："校长，您是没有意见不说话，还是在想着而不说话？"

梅贻琦依然淡定自若，又过了几秒，端重地答复道："我在想，现在我们要阻止他们来是不可能了，我们现在只可以想想如何减少他们来了之后的骚动。"

——梅校长的掩护行动势在必行。

那一夜，全校熄灯，宪警摸黑走遍各个宿舍，却发现几乎人去楼空，只好在天亮前胡乱抓了二十多个学生。

短暂的硝烟尚未退去，当旭日迎上清华园，师生们齐聚，聆听梅校长的演说：

"青年人做事要有正确的判断和考虑，盲从是可悲的。徒凭血气之勇，是不能担当大任的。尤其做事要有责任心。你们领头的人不听学校的劝告，出了事情可以规避，我做校长的不能退避的。

人家逼着要学生住宿的名单，我能不给吗？"

风云萧萧，他沉痛的口气停了一下，又继续，"我只好很抱歉地给他一份去年的名单，我告诉他们可能名字和住处不太准确。你们还要逞强称英雄的话，我很难了。不过今后如果你们能信任学校的措施与领导，我当然负责保释所有被捕的同学，维持学术上的独立。"

这一次，梅贻琦有点苦口婆心。他心里无不带着愤慨，但担当、责任、保护才是他要做的事。

比起另一位校长——写下"华北已经容不下一张平静的书桌"的蒋南翔，梅贻琦的原则是学术独立。

他始终是一个权衡者，而不是一个领袖。

学生曾作打油诗来模仿梅贻琦不偏不倚、谨言慎行的风格——大概或者也许是，不过我们不敢说，可是学校总认为，恐怕仿佛不见得。

可事后很多年再回看，才发现他的每一个踟蹰与斟酌背后，是多么坚定。

当年清华大学学生驱逐校长的运动可说是此起彼伏，但是无论什么时候，学生们的口号都是"驱逐某某某，拥护梅校长"。能够成为清华的不倒翁，有人问梅贻琦有何秘诀，他说：

"大家倒这个，倒那个，就没有人愿意倒梅（霉）！"

## 艰危岁月，砥柱中流

初以为办公事他不大内行，孰知竟是行政老手。

的确，梅贻琦主持下的清华和西南联大，可说是中国近代教育史上的两座高峰。

后者更是在国土沦丧、内忧外患的情况下，创造出物质上极度匮乏、精神上辉煌灿烂的奇迹，陈寅恪、汤用彤、金岳霖、闻一多、华罗庚、吴大猷、赵九章等人都在此间完成了自己的重要著作，而从西南联大的学生中则走出了王浩、殷海光、王瑶、李赋宁、汪曾祺、何兆武、许渊冲、朱光亚、邓稼先、唐敖庆等人，其中还有获得了1957年诺贝尔物理学奖的李政道和杨振宁。

林语堂就有经典之论：联大师生物质上不得了，精神上了不得。

1942年，五十三岁的梅贻琦以清华大学校长的资格与北大校长蒋梦麟、南开校长张伯苓共同担任西南联大常委。因为蒋梦麟、张伯苓在重庆都另有要职，所以西南联大的实际领导担子就压到了梅贻琦一个人肩上。用张伯苓对梅贻琦的话说就是"我的表你戴着"，而蒋梦麟则说"在联大我不管就是管"。

对于三位先生，许渊冲曾这样比较过：

那些灵魂有香气的男子

有一次，这三位常委到长沙临时大学看房子，当时条件很差，房子很不好。蒋梦麟说，他的儿子如果上学，就不希望住这样的房子。张伯苓却说，如果他儿子上学，就可以住这种宿舍，锻炼锻炼。梅贻琦是折中派，说如果条件允许，可以住好房子；如果条件不允许，不妨住得差点。这样看来，三人同行的道路中，梅贻琦依然是那股稳稳的平和风。

清华严谨，北大自由，南开活泼，三所学校风格各异。其中清华大学的人数比另外两所大学的总和还要多，且拥有庚子赔款来支援联大的日常支出，因此在某种层面上占了上风。梅贻琦温文尔雅、公正无私的办事风格则获得了全体联大师生的尊重和信服，因此三所高校虽有竞争，但却奇妙地融合；而不像同时期的西北联大，学生们总是打得头破血流。

清华大学第一届毕业生傅任敢精辟地总结说，梅贻琦之所以能成功联合三所大学，关键在于梅校长的“大”，他心中只有联大，没有清华了。

梅贻琦一直坚持“自由独立，兼容并包”的办学态度。西南联大没有因为政治原因辞退过一位教师，学生也可以自由选择自己的信仰。他在日记中写道：

对于校局，则以为应追随蔡孑民先生兼容并包之态度，以恪尽学术自由之使命。昔日之所谓新旧，今日之所谓左右，其在学校应均予以自由探讨之机会，情况正同。此昔日北大之所以为北大；而将来清华之所以为清华，正应于此注意也。

他对教育有着坚定而深远的认识，更有人格的魅力。

西南联大有很多脾气古怪的教授，甚至有很多异士，有很多自视很高的人，可是大家从来没有质疑梅贻琦的权威。后来闹学潮时，学生们也都很拥护梅贻琦，他们游行的时候喊的口号第一句是"拥护梅校长"，第二句才是"打倒某某某"。

这一时期的梅贻琦，言必信行必果，一改过去审思慎行、不轻率表态的风格。他曾说过这样一段话：

在这风雨飘摇之秋，清华正好像一条船，漂流在惊涛骇浪之中，有人正赶上负驾驶它的责任。此人必不应退却，必不应畏缩，只有鼓起勇气，坚忍前进。虽然此时使人有长夜漫漫之感，但我们相信，不久就要天明风定。到那时我们把这条船好好开回清华园，到那时他才敢向清华的同人校友说一句"幸告无罪"。

后世读来，其背后体现的坚毅果敢，让人震撼。

而他的从容也依旧保持。1939年考入西南联大的何兆武记得，有一年半的时间日本飞机天天来炸，师生天天跑警报。昆明不比重庆，没有山洞，他们就跑到野地里头去躲起来。跑警报的时候，梅先生拿着张伯伦式的雨伞作为拐杖，安步当车地走，非常安详，还嘱咐学生不要拥挤。

这令学生们非常佩服。

当时局越发紧张，梅贻琦那寡言下的能量就积淀得越发深彻。

抗战时期，物质极其匮乏，每日经受生死考验，西南联大却

那些灵魂有香气的男子

在烽火中创造了弦歌不辍的教育奇迹。梅贻琦的儿子梅祖彦回忆，父亲当时为了筹措资金，协调关系，每年必须奔走重庆几次。那时由昆明到重庆乘飞机是件难事，飞机说不定什么时候起飞，一天走不成，得第二天再来。梅贻琦有一次返途中遭遇敌机轰炸和阴雨天气，在旅途中耽搁了近三个月才回到昆明。

而类似这样的窘境，恐怕除了梅贻琦，就是他的家人因受之"牵连"而至为熟稔了。

但事实上，如此艰苦卓绝的岁月，对于他们而言，开始得更早。

1928 年，梅贻琦被派到华盛顿去做留学生监督，他一到任便以身作则，厉行节约。

冬天全楼的温暖全靠地下室的一个大火炉供应，司机和烧炉工为一人，梅贻琦本人也常常兼差——有时自己开车，有时则下到地窖里去从炉子里掏出没烧透的煤渣。

按照规定，清华大学校长的一切日用物品包括手纸都是公家供给的，有公务人员按时送到。梅贻琦上任后，公私分明，私宅的一切自己掏钱。夫人韩咏华和梅贻琦一起进城可以坐他的汽车，一个人进城时则永远乘班车。

梅贻琦任清华校长期间，尽量少设办

事机构，把办事员减到最低限度。他用废纸头起草的一些报告提纲、公函等，现在仍保存在清华大学的档案馆里。抗战时期刚到昆明，梅贻琦就辞退司机，把归他个人使用的小汽车给西南联大公用，他因公务外出或办事，近则步行，远则搭乘蒋梦麟或别人的车。

一次，梅贻琦、罗常培和郑天挺在成都办完事情，准备经重庆回昆明，梅贻琦买到飞机票，恰好又得到了搭乘邮政汽车的机会。邮政汽车是当时成渝公路上最可靠的交通工具。梅校长觉得邮政汽车只比飞机晚到一天，既可以三人不分散，还可以为公家节约两百多元，于是坚决退了飞机票。

今人看来，这哪是一位校长的派头？

可是，他必须这样经济。

相应地，教授们的生活非常艰苦。

而家里的夫人们，也不得不搞上了副业。

梅贻琦和潘光旦两家一起在办事处包饭，经常吃的是白饭拌辣椒，没有青菜，有时吃菠菜豆腐汤，大家就很高兴了。教授们的月薪，在1938年、1939年还能够维持三个星期的生活，到后来就只够半个月用的了。

不足之处，只好由夫人们去想办法，有的绣围巾，有的做帽子，也有的做一些食品拿出去卖。韩咏华年岁比别人大些，视力也不是很好，只能帮助做围巾穗子。以后庶务赵世昌介绍她做糕点去卖。赵世昌是上海人，教她做上海式的米粉碗糕，由潘光旦太太在乡下磨好七成大米加三成糯米的米粉，加上白糖和好面，用一个银锭形的木模子做成糕，两三分钟蒸一块，取名"定胜糕"（即

那些灵魂有香气的男子

抗战一定胜利之意），由韩咏华挎着篮子，步行四十五分钟到"冠生园"寄卖。

梅贻琦不同意她们在办事处操作，只好到住在外面的地质系教授袁复礼太太家去做。袁家有六个孩子，有时糕卖不掉，就给他们的孩子吃。有人建议她们把炉子支在"冠生园"门前现做现卖，韩咏华碍于梅贻琦的面子，不肯这样做。卖糕时，她穿着蓝布褂子，自称姓韩而不说姓梅。

尽管如此，谁都知道了梅校长夫人挎篮卖定胜糕的事。由于路走得多，鞋袜又不合脚，韩咏华的脚都磨破、感染了，小腿全肿了。

梅贻琦一向忙于校务，家里人怎样生活，是否挨饿，他全然不知。直到看见妻子这般狼狈，看到教授太太们这样疲于奔命地维持生活，他才着了急，向重庆政府教育部为大家申请了一些补助。一次，教育部给了些补助金，梅贻琦的四个子女都在联大读书，他却不让他们领取。

如此，若说梅贻琦为人清廉，两袖清风绝不为过，但这更是因为他肩上沉甸甸的使命感，他是船长，他要践守自己的诺言。

艰难的岁月，生存都成了问题，而梅贻琦依然得周全联大事宜。经费困难的问题，时常困扰着这位已节俭至近乎吝啬的校长。

著名建筑学家梁思成、林徽因夫妇受梅贻琦之邀，负责为西南联大设计校舍。梁思成夫妇花了一个月时间拿出了第一套设计方案，一个中国一流的现代化大学赫然纸上。然而，设计方案很快被否定了，理由是西南联大拿不出那么多经费。

此后两个月，梁思成夫妇把设计方案改了一稿又一稿：高楼变成了矮楼，矮楼变成了平房，砖墙变成了土墙，林徽因每改一稿都会痛哭一场……当梁思成夫妇交出最后一稿设计方案时，黄钰生无可奈何地告诉梁思成，经校委会研究，除了图书馆的屋顶可以使用青瓦，部分教室和校长办公室可打垒，砖头和木料的使用要再削减二分之一，希望梁思成再做一次修改。

梁思成忍无可忍，他冲进梅贻琦的办公室，把设计图纸狠狠地摔在校长办公桌上，痛心地喊道：

"改！改！改！你还要我怎么改？我……已经修改到第五稿了，茅草房就茅草房吧，你们知不知道农民盖一幢茅草房要多少木料？而你给的木料连盖一幢标准的茅草房都不够！"

那些灵魂有香气的男子

梅贻琦只缓缓慢慢地叹了口气，然后说：

"正因如此，才需要土木工程系的老师们对木材的用量严格计算啊！"

梁思成听着，心软了，流下了眼泪，哭得像一个受伤的孩子。

——谁都不知道，这样的局面何时才能得以改善。

可教务活动必须一切如常。

1942年，美国驻华大使特别助理费正清到昆明，拜访金岳霖、张奚若、钱端升等人，梅贻琦为其举办晚宴。当费正清从联大美籍教授温德的口中得知，梅贻琦的月薪不足六百元，而这次宴会费用不下一千元，他后来在《费正清中国回忆录》中写道：考虑到这个问题，我们送了他一瓶一英寸高的专治疟疾的阿的平药片。它应当能换回一千元。

许是微薄，许是力量。

在最困难的情况下，当时的云南省主席龙云在人、财、物等方面给了西南联大极大的支持。一天，龙云前来拜访梅贻琦，因孩子没有考取联大附中，特来请求破例录取。梅贻琦留龙云吃饭，席间，他请教务长潘光旦安排老师给龙云的孩子做辅导，等明年再考，同时言明老师的家教费得由龙主席自己支付。

梅贻琦就是这样的人。

他什么都不明讲出来，但心里总有一杆秤，不仅对别人坚守规矩，对自己及家人更是如此。

1943年，梅贻琦的母亲去世，同仁建议他当天不开西南联大常委会会议，梅贻琦却坚持照常，理由是：不敢以吾之戚戚，影响众人之问题也。

任何时候，他都秉持着一贯的原则。

同年，美国陆军大规模装备和训练国民党军队，需要大批翻译，学校的应届毕业生都被征调去服务，学校还号召其他学生自愿参加。梅贻琦的十九岁独子梅祖彦，当时就读联大机械二年级，不在应征之列，但出于爱国，也报名参加了。

对这件事传说不一，有人说梅校长带头送子参军作为号召；也有人说梅祖彦要去，家里不同意。

韩咏华说，这都不是实际情况。梅贻琦在学校对教授、学生有民主作风，在家庭对妻子、儿女也同样，一切自愿，合理的就支持，从不强迫命令。所以儿子祖彦参军和别的学生完全一样，是自愿去的，梅贻琦既未主动提出，也未拦阻。

这位一生致力于教育的梅校长，果然在家里也风范如一。

正如对待韩咏华的工作、学习问题一样，他从来都尊重夫人个人的意见，不大干预。韩咏华曾在清华旁听过一段时间陈福田的英语、钱稻孙的日语和金岳霖的逻辑学，当事先征求"校长"意见时，他不反对，但要求韩咏华既然想学就要把课程坚持学到底。

当然，他也从不托人去办什么私人的事情。

艰难岁月，黄金时代。

一程风雨，一程辛甜。

邹承鲁院士回忆起在西南联大的求学时光时，总结了两个字——自由。

何兆武也曾说："那几年生活最美好的就是自由，无论干什

那些灵魂有香气的男子

么都凭自己的兴趣……学生的素质当然也重要……但更重要的还是学术的气氛……我以为，一个所谓好的体制应该是最大限度地允许人的自由。没有求知的自由，没有思想的自由，没有个性的发展，就没有个人的创造力。"

王浩则把他在西南联大度过的那段时光称为"谁也不怕谁的日子"：

"教师之间，学生之间，师生之间，不论年资和地位，可以说谁也不怕谁。当然因为每个人品格和常识不等，相互间会有些不快，但大体上开诚布公多于阴谋诡计，做人和做学问的风气是好的。

"例如在课堂上，有些学生直言指出教师的错误，而教师因此对这些学生更欣赏。有两次教师发现讲授有严重错误，遂当堂宣布：近几个星期以来讲得都不对，以后重讲。教师与学生相处，亲如朋友，有时师生一起学习材料。同学之间的竞争一般也光明正大，不伤感情，而且往往彼此讨论，以增进对所学知识的了解。

"离开昆明后，我也交过一些朋友，但总感到大多不及联大的一些老师和同学亲近。

"这大概和交识时的年龄有关，但我觉得当时联大有相当的人在为人处世上兼备了中西文化的优点，彼此有一种暗合的视为当然的价值标准。"

不仅如此，在这段艰难的岁月中，联大不单培养出大批才俊后学，教授们也在艰苦的环境中创造了灿烂的学术业绩。

在开明的学风中，当年西南联大学生中流行着这样一副对联：

如云，如海，如山；

自然，自由，自在。

起因是一年联大校庆时，黄钰生谈到三校同仁在一起工作和谐应归功于三校具有如云、如海、如山的风度——清华智慧如云，北大宽容如海，南开稳重如山。西南联大训导长查良钊立即对以"自然、自由、自在"的下联。他解释说，自然是求真不贵做作，自由是同善不尚拘束，自在是无求有所不为。他认为在如云、如海、如山的气氛中，三校同仁必然向往自然、自由、自在。

联大的旷世风采在该对联中尽显无遗。

无怪乎杨振宁在垂暮之年也念念不忘："我一生非常幸运的是在西南联大念过书。我没有离开过西南联大。"

他有他的人格——真君子的精神。

梅贻琦不但是一个真君子，而且是一个中西合璧的真君子，他一切的举措态度，是具备中西人的优美部分。


## 生斯长斯，吾爱吾庐

终于，梅贻琦把这条船好好开回清华园了。

抗战胜利后，清华北归，梅贻琦继续担任校长，直到1948年12月。从1931年接受任命开始，他在清华这艘船上当了十七年的船长。

在这十七年间，清华大学发展成为一所完善的大学，全校设有文、理、工、法、农等五个学院二十六个系，在校师生两

那些灵魂有香气的男子

千四百多人。这一时期，也被大家公认为"清华校史上名家辈出的黄金时代"。

风云之后仍有巨变。

他的身影，依然是那般淡然，从容不迫；心里，却永远那么坚定，执着不屈。

生斯长斯，吾爱吾庐——梅贻琦用这八个字概述了他与清华的血缘之亲，也表达了他对清华的挚爱。

1949 年后，梅贻琦在美负责管理清华基金。叶公超每到纽约都去看他，劝他把清华的这笔钱用到台湾，梅贻琦每次都说：

"我一定来，不过我对清华的钱，总要想出更好的用法来，我才回去。"

因他不愿把这笔钱拿去盖大楼、装潢门面，他想用在科学研究上。有人骂他"守财奴"，他也不在乎。

他终于无愧于自己一生的愿想了。

然而，圆满之后仍有遗念。

他始终不同意将研究所改称为"清华大学"，他说："真正的清华在北平。"

正如任何一位功高德劭的老人一样，晚年的梅贻琦，即便是在病床上也始终访者不断，他们瞻仰着这位不急不缓的君子，陪伴着这位平和淡定的校长，走完了生命的最后一程。

1962 年 5 月 19 日，梅贻琦病逝于台北，而后，他的墓就修在台湾新竹"清华大学"的"梅园"。

他的病床下只留有一个紧锁的皮箱，丧事后打开，里面原来是清华基金的历年账目，一笔一笔，分毫不差，在场者无不为之动容。

他无任何私人财产，连住院费、丧葬费都是由清华校友们捐助的，所以校友们称赞他——

是俭，不是吝，为公家办事是要钱花得经济、有效、持久，不是舍不得花。

如此，是积极的俭，才够上德。

他掌母校几十年，虽然清华基金雄厚，竟不苟取分文，在贪污成风的社会，竟能高洁清廉到这样的地步，真是圣人的行为。只这一点，已足为万世师表。

他的一生只完成了一件事——保护好这所大学。

2005 年，"中国航天之父"钱学森在病榻之上，提出了这样一个令人深思的问题："为什么我们的学校总是培养不出杰出的人才？"

他还说："回过头看，这么多年培养的学生，还没有哪一个的学术成就能和民国时期培养的大师相比！"

而无疑，这个问题，他的老师、梅贻琦先生早在七十多年前就给出了响亮的回答——所谓大学者，非谓有大楼之谓也，有大师之谓也，并用他的一生完成了这个回答。

**图书在版编目（CIP）数据**

那些灵魂有香气的男子 / 文菁著 . — 北京 : 中国
华侨出版社 , 2019.8（2020.7 重印）

ISBN 978-7-5113-7936-8

Ⅰ . ①那… Ⅱ . ①文… Ⅲ . ①文化 – 名人 – 人物研究
– 中国 – 民国 Ⅳ . ① K825.4

中国版本图书馆 CIP 数据核字（2019）第 151674 号

## 那些灵魂有香气的男子

著　　者：文　菁
责任编辑：刘雪涛
封面设计：冬　凡
文字编辑：李翠香
美术编辑：潘　松
插图绘制：楚　觅
经　　销：新华书店
开　　本：880mm×1230mm　1/32　印张：6　字数：172 千字
印　　刷：三河市骏杰印刷有限公司
版　　次：2020 年 2 月第 1 版　2021 年 4 月第 3 次印刷
书　　号：ISBN 978-7-5113-7936-8
定　　价：35.00 元

中国华侨出版社　北京市朝阳区西坝河东里 77 号楼底商 5 号
邮编：100028
法律顾问：陈鹰律师事务所
发 行 部：（010）88893001　　传　真：（010）62707370
网　　址：www.oveaschin.com　　E-mail：oveaschin@sina.com

如果发现印装质量问题，影响阅读，请与印刷厂联系调换。